| 과학, 철학, 신학과 성경의 대화 |

지성인의 진리 탐구 이야기

| 김경준 지음 |

쿰란출판사

머리말

저자의 세대는 중국이 동북아를 호령하던 자리를 일본에게 빼앗기고 일본은 공자왈 맹자왈만 외우던 조선을 강제로 합병한 후 승승장구하여 제2차 세계대전에 참전했다가 미국이 투하한 원자탄에 치명상을 입고서야 백기를 내건 것을 직접 보거나 부모님으로부터 전해 들었다.

미국, 영국, 중화민국은 1943년 카이로에 모여 일정한 절차를 밟아 조선의 독립을 승인할 것을 결의한 후에 미국(루스벨트), 소련(스탈린), 영국(처칠)은 1945년 2월에 얄타에 다시 모여 일본이 항복한 후 세계 질서의 개편을 논하였다. 건강이 좋지 않은 루스벨트는 소련의 개입이 일본의 조속한 항복을 위해 필요했으므로 처칠의 반대에도 불구하고 대부분의 사안에 소련의 손을 들어 주었다. 스탈린은 러일전쟁에서 패배한 여파를 극복하기 위해 한반도에 일본을 견제할 수 있는 친소 정권을 빠르게 세우려고 계획하였다. 일본의 항복이 다가

오자 소련은 신속히 자국의 군대를 북한에 진주시켰고 미군도 뒤따라 남한에 들어왔다.

그 후 소련의 지원을 얻은 북한군은 남한을 점령하여 적화시키기 위해 1950년 6월 25일 일요일 새벽에 남한을 기습적으로 침입했다. 중국의 팔로군은 6.25 전쟁이 일어난 반 년 후에 밀리고 있는 북한군을 지원하기 위해 인해전술을 쓰며 압록강을 넘어 밀려 내려왔다. 그에 맞선 한국군과 유엔(United Nations)에서 파병된 15개국의 연합군은 3년 반 동안 혈투를 벌였으나 전쟁을 끝내지 못하고 남한과 북한이 나누어진 채로 휴전 협정을 맺었다.

저자가 어릴 때는 온 가족이 마당 평상 위에 있는 라디오 하나를 중심으로 둘러앉아 인기 있는 연속극들을 청취하다가 곯아떨어졌다. 저자가 중학생 때에 처음으로 텔레비전이 나왔고 그 당시 세기의 헤

비급 권투 선수였던 캐시우스 클레이(Muhammad Ali)와 소니 리스턴(Sonny Liston)의 대결을 보려고 사람들이 TV 가게 앞에 구름처럼 모여 섰던 장면이 바로 어제 일처럼 느껴진다. 클레이는 리스턴을 KO로 제압한 후 자기는 나비같이 날아서 벌같이 쏜다는 유명한 말도 남겼다.

박정희 전 대통령은 군사 쿠데타를 일으켜 정권을 쟁취한 후 중앙정보부를 세워 국민들을 통제하고 경제 개발 5개년 계획을 발표하였다. 그는 국민들의 반대를 무릅쓰고 일본과 국교를 정상화하고 일본의 점령으로 당한 피해 보상금과 차관을 받아 경부고속도로를 건설하고 포항제철 공장을 세워 산업 발전의 기초를 마련하는 데 성공하였다.

돌이켜 보면 한국이 반 조각이 되어 살벌한 소련, 중국, 일본과 같은 나라들에 둘러싸여 핍박을 받으면서도 세계에서 군사력과 경제력이 최강인 미국의 보호를 받으며 지금까지 세계 강국의 하나로 발전해온 것은 기적임에 틀림없다. 애국가의 가사처럼 하느님이 보호하신 것이다.

저자는 1968년에 서울 공과대학 화학공학과에 합격하였으나 자주 일어나는 반정부 시위로 공부를 제대로 할 수 없었다. 저자의 세대는 해방 전후의 민주 세력과 공산 세력의 충돌의 역사는 제대로 알지 못한 채 불법으로 정권을 탈취한 박정희 정권에 대한 반대 시위로 매일을 공허하게 보내고 있었다. 이 당시 저자는 우연히 대학생 전도 사역을 하는 네비게이토(The Navigators)라는 선교단체에 접촉되어 예수님을 처음으로 구세주로 영접하고 성경공부에 심취하기 시작했다.

이즈음 우리 가족은 전가족 이민으로 미국으로 갈 수 있었다. 그래서 나성(Los Angeles)에 있는 가주주립대학(University of California at Los Angeles)에 물리학 전공 3학년으로 입학하였다. 미국에 와서 가장 놀란 것은 무엇보다 수업 분위기가 한국과는 판이하게 달랐다는 것이다. 학생들이 질문하는 수준이 한국에서는 상상도 할 수 없는 유치한 수준이었다. 이들은 그런 질문들을 조금도 꺼리지 않고 선생님에게 물었다.

저자는 그 과정에서 근본적인 원리 하나를 깨달았다. 즉 사람은 질문을 하면서 자기가 알고 싶은 것을 자기의 것으로 이해한다는 사실이다. 그 당시 한국 대학에서 그런 질문을 했다면 교수님의 권위를 무시했다는 이유로 불호령이 떨어졌을 것이다. 한국 교회에서 그러한 질문을 했다면 수많은 교인들이 담임 목사님의 권위를 보호하기 위해 따가운 눈총을 보내는 것을 질문한 사람은 자기의 등뒤로 느꼈을 것이다.

요즈음 많이 소개되고 있는 유대인의 영재교육의 핵심도 부모나 선생님이 아이들에게 질문을 던지고 아이들은 다시 자기 나름대로 질문을 하며 서로 토론하는 것이다. 특히 중요한 질문은 왜(why)와 어떻게(how)이다. 그리스도인들이 성경 말씀을 생활화하지 못하는 중요한 이유는 말씀을 하나의 정보로 받아들여 외우기만 하고 왜나 어떻게의 질문을 하지 않는 것이다.

이러한 질문을 던져야 하나님이 왜 나에게 지금 이 말씀을 하시는지 그 이유를 깨닫게 되고, 내가 이 말씀을 나의 삶에 어떻게 적용할 수 있는지 방법을 찾아낼 수 있게 된다. 한국 교육의 단점은 정답을 선생님으로부터 받아 적어 외우게 하는 것이다. 이렇게 하면 스스로 사고하고 문제를 해결하는 능력(지혜)을 키울 수 없다.

학생들이 세상에 나가면 시험문제에서 만난 상황과는 전혀 다른 어려운 문제들을 만나게 된다. 이때 정답만 외운 학생은 문제를 분석하고 해결할 수 있는 사고의 능력이 없으므로 쉽게 문제 앞에 좌절하게 된다. 예수님은 자기를 적대시하는 자들의 질문에도 질문으로 대답해 주셨다.

한 율법사가 예수님을 시험하기 위해 영생을 얻는 방법을 물었다. 예수님은 "율법에 무엇이라 기록되었으며 네가 어떻게 읽느냐" 하고 반문하셨다. 율법사는 하나님을 자기 생명을 다하여 사랑하고 이웃을 자신의 몸같이 사랑하라는 계명을 잘 외었다. 이때 이 율법사는 자기의 선행을 과시하려고 자기 이웃이 누구냐고 물었다. 유대인의 이웃은 자기와 유사한 혈통과 같은 종교를 가진 사람으로 제한되어 있었다.

그때 예수님은 유명한 선한 사마리아인 비유를 말씀하시면서 유대인들의 인종 차별주의적인 사고를 지적하셨다. 그 당시 사마리아인들은 이방인과 뒤섞인 혈통과 정통으로 인정받지 못한 모세 5경만 있는 성경과 사마리아에 세운 제우스신을 섬기는 성전을 가지고 율법을 엉터리로 지키고 있었다. 선한 사마리아인 비유에서 예수님은 그 당시 유대인들이 편협한 사고 때문에 그들도 이웃을 사랑하라는 율법을 엉터리로 지키고 있었으므로 영생을 얻을 수 없음을 지적하셨다. 예수님은 제자들의 질문에도 자주 질문으로 대답을 대신하셨다.

"너희는 나를 누구라 하느냐"(마 16:15).

이 유명한 질문은 베드로의 위대한 신앙고백 즉 "주는 그리스도(메시아)시요 살아계신 하나님의 아들이시니이다"(마 16:16)를 이끌어 내었다. 내가 한 질문을 통해 나는 그 대화를 이끌어 가는 주인공이 되고 그 대화는 내 마음에 신념으로 깊이 새겨지게 된다. 철학자 소크라테스도 대답하기보다 질문의 연속으로 상대방이 스스로 답을 찾아내게 하는 강의 방법을 사용한 것으로 유명하다.

예수님은 인종차별이 극심한 사회에 살았지만 타인종이나 노예나 여자나 병자나 어린아이 같은 약자들의 인권을 항상 존중해 주셨다. 저자가 미국에 와서 놀란 것은 민주주의의 보루의 나라로 알려진 미국의 독립선언서가 모든 미국인 중에 반이 넘는 사람들, 즉 여인과 흑인과 인디언 원주민을 빼고 난 나머지 백인 남자들만 위해서 선포되었다는 것이다. 이들은 1960년대에 일어난 시민 권리 항쟁 운동(civil rights movement) 후에 미국 시민의 자격을 얻게 되었다. 인종차별의 관습은 매우 오랫동안 지속되었다.

예수님 당시의 유대인은 혼혈족인 사마리아인들을 개같이 취급했으므로 서로 상종하지 않았다. 예수님은 이혼을 다섯 번이나 한 사마리아 여인을 전도하기 위해서 그녀에게 물을 좀 달라고 도움을 요청하셨다. 그녀가 오히려 놀라서 "유대인인 당신이 어찌하여 사마리아 여자인 나에게 물을 달라 하나이까"라고 핀잔을 주었다. 예수님은 그녀의 호기심을 일으키려고 그녀가 하나님의 선물과 자신이 누구인 줄을 모르고 있음을 지적하셨다.

그러므로 "매일 마셔도 목이 말라지는 우물물을 긷기 위하여 왔지만 나는 너에게 영원히 목마르지 않는 생수를 줄 수 있다"고 대답하셨다. 여인이 생수를 구하자 예수님은 그녀가 하나님 앞에 나아가기 위해서는 먼저 자신의 부도덕한 생활을 청산하고 하나님의 성령의 도움을 받아 메시아인 자신을 믿어야 한다고 말씀하셨다. 여인은 자신의 목마름이 세상적인 방법으로 해결되지 않음을 깨닫고 자신에게 복음을 소개해 주신 예수님을 메시아로 받아들이고 사람들 앞에서도 그녀의 신앙을 고백하였다.

예수님은 그 당시 사회 관습이나 유대교 전통이 하나님의 뜻에 맞지 않으면 완전히 무시하였다. 예수님이 세리인 마태를 제자로 부르자 마태는 친구 세리들과 죄인들(율법을 지키지 않는 사람들)을 위해 식사를 준비하였다. 율법은 죄인들과 이방인이 집에 들어오면 자기 집이 불결해진다고 가르쳤다. 바리새인들은 예수님이 죄인들과 같이 앉아 계신 것을 보고 예수님을 공격하자 예수님은 "하나님은 긍휼(사랑)을 원하고 제사를 원치 아니한다"라는 말씀(호 6:6)을 인용하여 바리새인들을 역공격하셨다. 즉 하나님은 죄인들을 사랑하여 그들의 생명을 구하는 것을 죄인들을 차별하면서 율법을 의식적으로만 지키는 위선적 행동보다 더 원하신다는 것이다.

저자는 일리노이 주립대학(University of Illinois at Urbana Champaign)에서 물리학 박사 학위를 받은 후 부모님이 계신 나성(Los Angeles)에 돌아와서 보잉(Boeing) 회사에 취직하여 시스템 엔지니어 책임자(Senior System Engineer)로 30년간 일하고 은퇴하였다. 그동안 야간으로 Fuller 신학교를 다녀 선교학 석사 학위를 받았고 해외 한인 장로회 교단에서 목사 안수를 받아 지금은 노워크(Norwalk)에 있는 예수사랑교회(Jesus Love Church)에서 목회를 하고 있다. 저자는 목회 중에도 미주 장로회 신학대학교(Presbyterian Theological Seminary in America)와 남부 개혁 신학대학 및 신대원(Southern Reformed

Theological College and Seminary)에서 신학 과목들을 가르쳤다. 얼마 전에 나성 남쪽에 있는 롱비치(Long Beach)시에 있는 가주주립대학(California State University at Long Beach)에 캠퍼스 전도를 하려고 방문했다. 미국 학생들은 내가 성경을 들고 있는 것을 보고 자기들에게 성경 이야기를 강요하지 말라고 요구했다.

내가 이유를 물었더니 자기들도 성경을 알고 있는데 성경보다 학교에서 매일 배우는 과학이 옳다고 확신한다고 대답했다. **나는 그 학생들이 성경은 과학적이 아니라고 확신하는 것을 느꼈다.** 이들도 이전에는 교회를 다니면서 성경을 공부했던 것도 짐작할 수 있었다. 이들이 교회에서 현대 과학이 대부분 틀렸고 성경은 과학과 완전히 다르게 이야기한다는 주장을 배웠을 것이다. 학교에서는 왜 과학이 옳은지를 보여주는 수많은 데이터들을 제시하는 반면, 교회는 성경의 신뢰성을 믿게 해주는 증거를 거의 제시하지 못하고 있는 것이 현실이다. 수많은 대학생들이 왜 성경과 과학이 말하는 것이 다른가를 교회 지도자들에게 묻기보다 조용히 교회를 떠나는 것을 선택한 것을 쉽게 짐작할 수 있다.

서울신학대 상담심리학 교수인 유연철 박사는 지금 한국 내에 이단에 소속된 200만 명 중 절반인 100만 명이 청년층이라고 말했다. 그러나 교회 지도자들은 젊은층들이 교회를 떠나는 것에 대해 걱정은 하지만 그것을 해결하기 위한 구체적인 대안을 제시하지 못하고 있는 것이 현실이다. **저자는 다행히 신학과 과학을 동시에 공부했으므로 성경이 말하는 입장과 현대과학이 말하는 입장을 전문적인 지식을 가지고 현대의 젊은이들과 대화할 수 있는 배경을 가지고 있다.**

저자가 공부한 성경은 현대과학이 다루지 않는 하나님과 영적인 분야를 제외한다면 세상의 어떤 철학이나 종교보다 과학적인 것임을 확신한다. **문제는 성경을 해석하는 분들이 과학을 모르면서 수천 년 전의 과학 이론으로 성경을 잘못 해석하기 때문이다.**

이 책은 현대 과학을 참조하여 성경을 바르게 해석하였다. 과학에 관한 공부를 별로 하지 않은 분들이라도 웬만한 과학 용어라도 구글 검색을 해서 나오는 설명을 참조하면 이해에 도움이 되실 것이다. 여러분이 이 책을 인내심을 가지고 읽으면 성경이 매우 과학적인 것을 파악하게 되어 성경을 더 정확한 배경을 가지고 이해하게 될 것이다.

이 책을 쓰게 된 또다른 이유는 서양 신학자들은 성경을 체계적으로 이해하기 위해서 서양 철학을 본따서 신학도 이성적으로 분석하고 조직해왔다. 그래서 신학교의 교육 과정(curriculum)에는 철학의 모형을 본딴 조직신학(systematic theology)이라는 과목이 있다. 독일의 실존철학자 틸리히(Paul Tillich)는 **철학은 근본적인 질문을 제시하고** 성경의 계시는 이 질문에 대답한다고 주장했다(method of Correlation).

그러나 인간에게 필요한 근본적인 질문은 철학보다 성경이 이미 우리에게 던지고 있다. 예수님은 사마리아 여인에게 "이 물을 먹는 자마다 다시 목마르려니와 내가 주는 물을 먹는 자는 영원히 목마르지 아니하리니 나의 주는 물은 그 속에서 영생하도록 솟아나는 샘물이 되리라"(요 4:13-14)라고 말씀하여 인간의 욕구는 세상적인 것으로 채워지지 않으며 더 근본적인 욕구인 영적 욕구를 채워야 목마름이 해소될 수 있음을 가르쳐 주셨다. **즉 인간은 자기들에게 꼭 필요한 근본적인 질문이 무엇인지도 모른다는 말씀이다.**

저자가 Fuller 신학교에서 공부할 때도 조직신학 교수였던 Jewett 교수는 저자가 물리학과 연관된 질문을 할 때마다 실존철학자인 바르트(Karl Barth)가 주장한 모순(paradox, 이성으로 이해할 수 없는 명제)이라는 말을 자주 사용하여 대답을 회피하였다. 현대인들은 더 이상 지금 인간들이 겪고 있는 참혹한 현실에 인간 이성이 합리적인 대답을 할 수 있다고 믿지도 않고, 또 옛날 철학자들이 확실한 증거도 없이 내던진 주장들이 인간의 근본적인 문제들을 해결할 수 있는 합리적인 대답이라고 믿지도 않는다.

과학 기술을 앞서서 도입한 선진국들은 과학 기술을 앞세워 저개발 국가들을 지배하고 착취하는 식민 정책(colonialism)을 경쟁적으로 시작하였다. 그 결과 제1차 세계 대전과 제2차 세계 대전이 일어났고 세계 대전을 일으킨 국가들의 가혹한 제국주의 정책들과 엄청난 대량 살상무기들로 인해 일어난 비참한 결과는 이성과 과학에 기대했던 인간들의 낙관적 기대를 완전히 말살해 버렸다. 인간들의 욕심은 자연의 생태계를 회복할 수 없도록 철저하게 파괴하고 있으며 지구의 대기와 바다도 점점 지구가 스스로 회복할 수 없는 즉 돌아올 수 없는 변곡점을 향하여 전속력으로 달려가고 있다.

현대 철학은 인간의 이성을 완전히 부인하는 후현대주의(postmodernism)를 주장하고 있다. 서양 철학들을 맹목적으로 따라가던 성경 신학자들은 성경을 하나의 문헌(literature)으로 간주하고 이성에 의존한 논리적인 방법들과 철학자들이 주장하는 잘못된 주장들을 맹신하며 성경을 새롭게 편집하고 해석하는 고등비평(higher criticism) 연구에 몰두하고 있다. 지금의 젊은이들이 신학교를 외면하는 것은 너무나 당연해 보이는 것이 현실이다.

양치는 목동이 늑대가 나타났다고 여러 번 사람들을 불렀다가 진짜 늑대에게 물려 죽었다는 우화가 농담처럼 들리지 않는다. 지금이야말로 성경이 계속 경고해 오던 말세가 바로 눈앞에 왔음이 확실하게 보이는 것을 부인할 수 없다. 이 책은 이러한 위기들에 대처하기 위한 지혜를 여러분과 나누고자 출판되었다.

지구가 혼돈하고 공허하며 흑암이 깊음 위에 있고

하나님의 신은 수면에 운행하시니라 (창세기 1장 2절)

목차

제1장

현대 과학 이야기

지구가 혼돈하고 공허하며 흑암이 깊음 위에 있고

하나님의 신은 수면에 운행하시니라 (창세기 1장 2절)

제1장

현대 과학 이야기

과학의 발전은 주전 5세기경부터 시작한 헬라 사회의 수학에서 출발한 것 같다. 헬라의 대표적인 수학자 아르키메데스(Archemedes, BC 287-212)는 "내게 움직이지 않는 한 점만 주면 그 점을 받침점으로 삼아 긴 막대기를 지렛대로 이용하여 지구를 들어올리겠다"고 주장하였다. **움직일 수 없는 확실한 지식, 모든 지식의 근본적인 토대(foundation)를 '아르키메데스의 점'이라고 부른다.**

이성철학(rational philosophy)의 시조로 불리는 17세기 프랑스의 철학자 데카르트(Rene Descartes)는 그 자체로 명백한 진리(self manifested truth), 즉 아무도 부인할 수 없는 모든 철학의 기초가 되는 진리를 제1원리라고 명명하고 이를 '아르키메데스의 점'이라고 불렀다. 그는 제1원리를 찾기 위해 모든 것을 의심하기 시작했다. 그는 마침내 의심하고 있는 자기 자신과 자신이 의심하고 있다는 사실은 확실하다는 것을 깨닫고 중세기의 신 중심의 지식에서 벗어나 인간 이성이 중심인 사상을 인본주의 사상의 출발점으로 확정했다. 그는 "나는 생각한다. 그러므로 나는 존재한다(cogito ergo sum)"를 제1원리, '아르키메데스의 점'이라고 불렀다.

데카르트가 발견한 이 사실은 인본주의 사상을 뛰어넘어 인간이 논리적으로 생각하는 능력, 즉 이성으로 신을 대치시키는 계몽주의 운동(enlightenment movement)을 이끌게 된다. 후대의 사람들은 이것을 모든 지식의 토대(foundation)라고 불렀다. 그러나 데카르트가 찾은 확실한 지식이 정말 모든 지식의 토대가 될 수 있는지 의문이 생긴다. 내가 오늘 아침에 식사를 한 것도 확실한 사실이다. 그러나 그 지식이 나에게 무슨 심오한 영향을 준다고는 생각되지 않는다.

인간에게 토대가 되는 사실은 영원히 불변하는 속성 외에도 우리가 살고 있는 우주와 인생이 무엇 때문에 존재하는지 그 이유를 설명해 주어야 한다. 실존 철학자들이 말하듯이 망망한 우주에 내버려진 인간에게는 삶의 이유를 설명해 주는 지식이 더 필요하다. **외롭고 살기에 지친 인생에게 그의 삶이 이 모든 어려움을 헤치고 사는 이유가 있고 보람이 있음을 이야기해 주어야 한다.**

예수님은 그의 제자들을 처음 만났을 때 생선을 잡는 것보다 더 의미 있는 사람을 잡는 일(구원을 받게 함)을 하게 해 주겠다고 약속하셨다(마 4:19). 이것이 데카르트가 부르짖은 인본주의와 기독교가 주장

하는 신본주의의 근본적인 차이다. 데카르트가 주장한 토대에 실망한 사람들은 아예 이성 자체를 부인하는 후현대주의(postmodernism) 사상을 따라가고 있다.

데카르트와 17세기 독일의 철학자이며 미분과 적분을 개발한 수학자 라이프니츠(Gottfried Leibniz)는 이성의 시대(age of reason)를 열었으며 그 결과로 수학과 과학은 계몽시대(enlightenment age)의 조류를 타고 새로운 시대를 여는 힘찬 발걸음을 내딛기 시작하였다. 인간 이성의 위대한 능력은 17세기부터 시작된 과학의 혁명적 성과를 통해 잘 나타났다.

17세기는 또 다른 천재 수학자이며 물리학자인 영국의 뉴턴(Isaac Newton)이 활약했던 시대이다. 뉴턴도 미분과 적분을 스스로 개발하여 자기가 완성한 고전 역학(classiccal mechanics)에 도입하였다. 뉴턴이 완성한 고전 역학은 물질에 가해진 힘과 물질의 움직임(속도와 가속도)의 관계를 수학의 미분방정식으로 표현한 이론이다. 마찰력을 포함한 외부의 힘(F)과 물질의 질량(m)과 속도(v)의 관계를 거리(x), 시간(t), 짧은 시간(dt)을 사용해서 방정식으로 표현하면, F=m×{v(t+dt)−v(t)}/dt=질량(m)×가속(dv/dt)으로 표현했다.

가속은 시간이 흐름에 따라 속도가 얼마나 변화하는가 즉 속도가 시간의 흐름에 따라 변화하는 기울기이다. 외부의 힘이 없어지면 속도의 변화가 없으므로 물체는 같은 속도를 유지하게 된다. 이것을 관성의 법칙이라고 부른다.

버스 운전사가 갑자기 브레이크를 밟으면 서 있는 승객들이 계속 가려는 운동량(momentum=질량×속도) 때문에 앞으로 쓰러지는 것도 관성 때문이다. 이 방정식은 에너지에서 나오는 힘이 물질을 움직이게 하는 원인이 된다는 것을 설명한다. 뉴턴은 모든 물질들이 중력이라는 힘으로 서로 당기는 것을 발견하고서, 폴란드의 과학자 코페르니쿠스(Nicolaus Copernicus)가 지동설에서 주장한 우주관, 즉 지구가 태양을 매년 한 바퀴씩 돌고 있는 이유를 과학적으로 설명했다. 즉 태양의 중력이 지구가 직선으로 가려는 것을 계속 태양 쪽으로 끌어당겨서 지구가 태양 주위를 원을 그리며 돌고 있는 현상을 중력의 이론으로 설명했다.

19세기 영국의 과학자 맥스웰(James Clerk Maxwell)은 또 다른 힘의 원인이 되는 전기력과 자기력(electric and magnetic forces)의 이론을 완성하였다. 그는 빛도 전자기 파동(electromagnetic wave)의 한 현상이라는 것을 밝혀냈다. 그리고 빛이 관찰자의 움직임에 관계없이 항상 일정한 속도로 움직인다는 것을 알아내어 상대성 이론의 기초를 제공하였다. 또한 전하(charge)와 전류(electric current)나 자석(magnet)에서 나오는 전자기파(electro-magnetic wave)도 빛의 속도로 전파되는 것을 증명하였다.

20세기 초에 영국의 과학자 러더퍼드(Ernest Rutherford)는 처음으로 모든 물질을 구성하는 최소 단위인 원자의 구조를 밝히는 데 성공하였다. 원자는 원자핵과 그 주위를 도는 전자(electron)로 구성되어 있다. 원자핵은 플러스(+) 전기를 가진 양성자(proton)와 전기가 없는 중성자(neutron)로 이루어져 있고 그 주위를 마이너스(−) 전기를 가진 전자가 돌고 있다. 원자 구조가 알려졌을 때 많은 물리학자들은 전자가 원자핵 주위를 계속해서 돌고 있는 현상을 이해할 수 없었다. 전기를 가지고 있는 전자가 직선을 벗어나서 원을 도는 것은 가속을 하고 있는 것이다. 전자가 가속을 하고 있으면 전자파(bremsstrahlungradiation, 제동 복사)를 발생하게 되고 외부에서 계속 에너지의 공급을 받아야 한다.

그러나 아무도 전자에게 공급되는 에너지를 발견할 수 없었다. 에너지를 잃은 전자는 원자핵에 있는 양성자에게로 빨려 들어가야 한다. 그러나 전자는 원자핵 주위를 계속 돌고 있다. 이 근본적인 의문을 고전역학은 대답하지 못했지만 양자역학은 쉽게 해결하였다.

양자역학은 전자는 입자인 동시에 파동같이 움직이기 때문에 원자핵 주위를 도는 정상파(stationary wave, 한 방향으로 가는 파동의 위상과 반대 방향으로 가는 파동의 위상이 겹쳐질 때 파동은 제자리에 서 있다) 궤도들은 아무 파장이나 가질 수 없고 원의 둘레와 파동의 파장이 일정한 관계를 가져야 한다.

즉 [원둘레=파장×n], 여기에 n은 정수 즉 1, 2, 3,…이다. 그러므로 전자도 이 방정식에 따라 정해진 파장과 그에 따른 에너지만 가질 수 있다. 다시 말해 원자 안에 갇혀 있는 전자의 에너지들은 양자화(quantize)된 특정한 값들만 가질 수 있다. 그러므로 가속되고 있는 전자도 마음대로 전자파를 발산할 수 없고 에너지를 잃을 수도 없어 원자핵 주위를 도는 전자들이 원자핵으로 빨려 들어가지도 않는다.

현대 과학의 가장 중요한 업적은 원자 세계와 같은 지극히 미세한 세계에서 일어나는 현상을 설명하는 양자역학(quantum mechanics) 이론이다. 양자역학 이론은 덴마크의 과학자 보어(Niels Bohr)가 수소의 원자핵 주변을 돌고 있는 전자가 특정한 에너지를 가진 궤도에서만 돈다는 것을 발견하여 그것을 설명하기 위해 수소 원자를 도는 전자의 궤도를 양자화(quantize)하면서 시작되었다. 따라서 전자가 더 낮은 에너지의 궤도로 위치를 옮기면 본래 궤도의 에너지와의 차이와 같은 특정한 에너지를 가진 빛을 밖으로 방출하지만 최저 에너지(ground state, n=1)에 있는 전자는 더 이상 에너지를 잃을 수 없으므로 빛을 방출할 수도 없는 것을 알게 되었다. 양자역학이 알려지기 전에는 전자가 외부에서 오는 전자기력을 받거나 에너지를 빛으로 방출하면 전자의 운동 에너지는 연속적으로 증가되거나 감소되어 아무 에너지로 옮길 수 있다고 믿었다. 그러나 보아는 전자가 파동(wave)처럼 행동해서 핵 주위를 원을 그리며 돌고 있다면 특별한 길이의 파장을 가져야만 그 궤도를 돌 수 있음을 보여주었다.

그 당시 프랑스의 물리학자 드 브로기유(Louis de Broglie)는 전자가 질량을 가진 입자이지만 동시에 빛과 같이 파동성도 가질 수 있다고 추측하였다. 빛도 본래는 파동으로 움직인다고 알려져 있지만 아인슈타인은 빛이 입자처럼 행동하여 운동량('질량×속도'가 아닌 다른 운동량)이 있는 것을 지적하였다. 빛은 질량이 없지만 에너지를 가지고 있고 상대성 이론에 의하면 운동량을 가지고 있다(에너지=운동량×빛의 속도). 그래서 빛을 광자(photon)라고 부른다.

드 브로기유는 아인슈타인이 유도한 빛을 묘사하는 방정식인 [운동량=h(플랑크상수)/파장]을 전자에도 적용하였다. 여기의 h=6.6×10-34(Joule second, Joule은 에너지 단위)인데 최소한의 에너지 단위이며 플랑크 상수로 불린다. 그는 수소 내의 **전자 궤도의 원 둘레가 양자화된** 것으로 가정하여서 [2pi×반지름=원둘레=n×파장] 방정식을 사용하여 파장의 크기를 계산하였다. 여기에서 pi=3.14159, n=정수(1, 2, 3,…)이다. 그는 전자가 n이 변하여 다른 에너지를 가진 궤도로 옮길 때 방출되는 빛의 에너지가 자기가 계산한 전자의 에너지 변동 크기와 동일함을 보여 주었다.

한편 보어는 이 공식을 사용하지 않고 **각운동량(angular momentum, 질량×속도×반지름)을 양자화**하여 방출된 빛의 파장을 계산해 내었다. 드 브로기유의 양자화 공식과 보어의 양자화 공식에서 계산한 전자 에너지는 서로 일치한다. 즉 2pi×반지름=n×파장=n×h/(질량×속도) 공식에서 [각운동량(질량×속도×반지름)=n×h/2pi]의 보아의 양자화 방정식을 유도할 수 있다.

양자역학의 '양자'라는 말은 파동처럼 움직이는 입자의 파장 혹은 에너지가 연속적으로 변하는 것이 아니고 양자화(quantized)된 만큼씩 변한다는 말이다. 이 현상은 보어 이전에 독일의 물리학자 플랑크(Max Planck)가 구멍(cavity)을 가열하여 그 구멍 안에서 나오는 열복사(thermal radiation, 열이 빛으로 방출됨)의 파장들이 연속적으로 변하지 않고 불연속적으로 변하는 것을 발견한 것에서 연구되기 시작했다.

그 당시 과학자들은 모든 물질들의 움직임을 입자(particle)와 파동(wave)으로 분류하였다. 입자는 하나로 뭉쳐져 있고 일정한 운동량(질량×속도)을 지니고 있으며 다른 물체와 충돌하면 튀어나간다. 파동은 운동량이 없고 간섭(interference, 빛이 비누 거품에 반사할 때 무지개 색이 보임)과 회절(diffraction, 물의 파동이 돌을 피해서 돌아감)을 하는 것으로 알려져 있었다. 플랑크는 [열복사 빛의 에너지=h×빛의 주파수]로 표현하였다.

앞에 나온 드 브로기유(Louis de Broglie)는 입자로 알려진 전자도 파동으로 움직인다는 가설을 발표하고, 이때까지 전자의 파동을 알아보지 못한 이유는 그 파장이 원자의 크기보다 더 짧기 때문이라고 주장하였다. 미국의 물리학자 콤프톤(Arthur Holy Compton)은 그 당시 파동으로 알려진 질량이 없는 빛도 작은 양의 운동량을 가지고 있음을 전자와 빛(X-광선)의 충돌을 통해 증명하였다.

드 브로기유는 빛의 경우를 참조하여 [운동량=플랑크 상수/파장]의 공식을 전자에 사용하여 보어가 추측으로 계산한 전자의 양자화된 에너지들을 제대로 계산해 내었다. 과학자들은 전자도 파동과 같이 간섭과 회절을 하는 것을 증명하였다.

미국의 물리학자들인 데이비슨(Clinton J. Davisson)과 거머(Lester H. Germer)는 전자를 니켈 결정체(crystal)에 쏘아 전자도 X-광선처럼 니켈 원자 사이를 회절하는 것을 보았다. 파동은 그 위치를 정확히 알 수 없다. 그래서 드 브로기유 방정식을 이용해 양자역학 방정식을 유도한 오스트리아의 물리학자 슈뢰딩거(Erwin Schroedinger)는 입자의 위치를 묘사하기 위한 파동 방정식(wave equation)을 발표하였다. 이 방정식에 나오는 파동 함수(wave function)는 입자가 있는 위치의 확률(probability)만을 알려준다. 양자역학의 파동 방정식이 입자의 정확한 궤도를 말해주지 못하고 확률만 말해주므로 많은 물리학자들이 양자역학에 확신을 가지지 못하였다.

그러나 독일의 물리학자 하이젠버르그(Werner Heisenburg)는 그가 발표한 불확정성 원리(uncertainty principle) 때문에 입자의 위치를 확정하면 운동량을 전혀 알 수 없게 되어 에너지도 알 수 없게 되는 문제가 생긴다는 것을 주장했다. 이 원리는 입자가 파동처럼 움직이기 때문에 일어나는 현상이다. 양자역학 방정식은 한 입자의 확실한 궤도를 계산하지 못하고 입자가 분포되어 있는 가능한 궤도들을 확률로만 알려주고 있다. 한 예로 수소 원자 내에 전자의 위치를 계산해 보면 수소 원자의 핵의 위치와 전자의 위치가 많이 중복되어 있다. 이것은 상식적으로 불가능하지만 양자역학을 기술한 파동 방정식의 한계로 받아들여야 한다.

양자역학으로 계산한 결과를 해석하기가 쉽지 않아 여러 가지 문제들이 제시되었다. "아인슈타인(Albert Einstein) 포돌스키(Boris Podolsky) 로젠(Nathan Rosen) 역설(EPR paradox)"로 알려진 이 난제는 머릿속의 생각으로 한 실험으로 양자역학은 물질의 실제 움직임을 완전하게 기술하지 못한다는 주장이다. 이 역설을 이해하려면 뒤얽힌 상태(entangled state)를 제대로 알아야 한다. 이 상태에서는 두 입자의 위상(phase)이 서로 연결되어(coherent) 있다. 즉 위상의 차이가 변함이 없이 계속 같은 값으로 유지되어 있다. 한 예로 에너지가 높은 방사선(감마 광선)은 원자핵 주위에서 2개의 입자(전자와 양전자)로 변이될 수 있다. 이때 동시에 생긴 2입자들은 뒤얽힌 상태로 존재한다. 입자들이 생기기 이전에는 빛(방사선)만 있었으므로 물리학의 보존법칙(conservation law)에 따라 2입자의 물성들을 합하면 0이 되어야 한다. 2입자의 전기는 플러스와 마이너스, 운동량은 +P와 −P, 각운동량은 +L과 −L, 회전(spin)은 +1/2 h바(h바는 h/2 /pi)와 -1/2 h바 등으로 되어야 한다. 그러므로 뒤얽힌 상태에 있는 2입자 중 하나의 회전량을 측정하면 다른 입자의 회전량은 자동적으로 결정되어 버린다.

한 입자의 위치를 측정하거나 운동량을 측정하면 보존법칙에 의해 다른 입자의 위치나 운동량도 모두 결정되어 버리기 때문에 포돌스키는 입자의 위치와 운동량을 동시에 측정할 수 없다는 불확정성 원리와는 그의 생각 실험이 상충되는 것을 지적하였다. 즉 다른 입자의 위치와 운동량은 이미 입자 안에 확정되어 있지만 양자역학이 그것을 측정하는 방법을 모른다는 주장이다. 보어는 불확정성 원리로 인해 첫 번째 입자의 위치와 운동량을 모두 측정할 수 없기 때문에 포돌스키의 주장은 틀렸다고 제대로 설명하였다.

한편 아인슈타인은 뒤얽힌 상태에 있는 입자의 물성을 측정하면 다른 입자가 아무리 멀리 있어도 그 입자의 물성이 순간적으로 결정된다는 주장은 정보들이 빛의 속도보다 빨리 전달될 수 없으므로 상대성 이론을 위반한다고 항의하였다. 그러나 지금까지의 모든 실험은 양자역학 이론이 맞는 것을 증명하였다. 즉 두 입자는 멀리 떨어져 있어도 하나의 coherent state(위상이 연결된 상태)로 존재하는 것을 실험들이 증명하였다.

양자역학의 또다른 문제는 위치를 측정하면 슈뢰딩거 방정식에 있는 입자의 여러 위치를 묘사하는 파동 함수가 순식간에 여러 위치 중에서 단 하나의 위치만을 묘사하는 함수로 변화한다는 것이다. 즉 파동 함수는 위치를 **확률로 계산하지만** 입자의 위치를 **측정해 보면 한 위치만 측정된다는 문제가 발생한다.** 이것을 측정 문제

(measurement problem)라고 한다. 과학자들은 이 문제를 "슈뢰딩거의 고양이 문제"라고 부른다.

이 문제를 연구하기 위해서 슈뢰딩거는 다음과 같은 실험을 제안했다. 살아 있는 고양이를 상자에 가두어 두고 고양이 옆에 독가스가 있는 유리병을 준비한다. 그리고 방사성 물질이 핵 붕괴를 할 때 핵 붕괴를 측정하는 가이거 카운터 같은 기구를 독가스 병에 연결하여 병이 깨어지게 고안한다. 아무도 방사성 물질이 언제 붕괴할지는 모른다. 즉 핵 붕괴의 시간은 확률로밖에 다른 표현 방법이 없다. 여기에서 측정하는 행동을 어떻게 정의할 것인가라는 의문을 제시할 수 있다. 일부 과학자들은 누군가가 측정 결과를 "인식하는" 것으로 생각했으나(위그너(Eugene Wigner)의 착각), **보어는 외부의 측정 도구가 고양이에게 접촉하는 순간으로 해석했다.**

보어의 해석이 맞다는 것이 카핀터의 실험으로 증명되었다(R.H.S. Carpenter, Andrew J. Anderson, The Death of Schroedinger's Cat and of Consiousness Based Quantum Wave-function Collapse, Annales de la Fondation Louis de Broglie, volume 31, no 1, 2006, pp. 45-52).

보어의 해석에 따르면 측정하는 행동은 독가스가 깨어진 병에서 나와 고양이에게 들어가는 순간이 될 것이다. 과학자들은 고양이가 갇힌 방의 문을 열기 전에는 두 가지의 상태 즉 산 고양이의 함수와 죽은 고양이의 함수가 서로 섞여 있다고 말한다. 이것을 중첩 원리(superposition principle)라고 부른다. 이때는 고양이의 생명을 확률적으로만 말할 수 있다. 그러나 문이 열리지 않았더라도 독가스 병이 깨졌을 때의 고양이의 상태는 죽었거나 살았거나 둘 중의 하나라야 한다. 즉 누군가가 측정을 위한 행동을 함으로써 파동 함수가 갑자기 두 가지의 상태에서 하나의 상태로 붕괴(collapse)된 것이 확실하다. 이 현상은 측정 기구인 독가스의 위상(phase)이 고양이의 위상과 일정한 관계를 유지하지(coherency) 못해서(decoherency) 독가스가 고양이에게 들어가면 사람이 보고 있지 않더라도 중첩 원리는 더 이상 성립되지 못하기 때문이다. 그러나 다른 과학자들은 누군가가 측정한 결과를 "인식해야" 파동 함수가 하나의 상태로 붕괴한다고 주장했다. 과학자들은 이것을 "위그너의 친구의 문제"라고 부른다.

저자가 보기에 이 주장은 관념(Idealism) 철학자들의 주장에서 영향을 받은 것 같다. 버클리(George Berkeley)는 인간이 인식하기 전에는 인식의 대상인 물질이 존재하지 않는다는 과격한 주장을 했다가 인간을 하나님으로 바꾸었다. 이 주장은 앞에서 말한 카펀터의 실험으로 사실이 아님이 밝혀졌다.

맥스웰의 전기력과 자기력 이론이 완성된 후에 전기가 실용화되기 시작했다. 전기는 전기가 잘 흐르지 않는 저항을 만나면 열과 빛을 낸다. 즉 전기 에너지가 전자파(빛) 에너지와 열 에너지로 바뀌는 것이다. 전기 발전소를 많이 세워 전기를 대도시로 보내면서 도시인들은 더 이상 석탄이나 석유를 태우지 않고 전기로 그들의 필요를

충족할 수 있게 되었다.

19세기에는 프랑스의 과학자 카르노(Nicolas Sadi Carnot)가 피스톤을 사용해 휘발유 가스를 압축하여 그 폭발력을 이용해서 자동차나 기계의 바퀴를 돌리는 데 성공하였다. 기차나 배는 물을 끓여 수증기의 팽창하는 힘으로 피스톤이나 터빈(turbine)을 사용해 바퀴를 돌리게 하였고 터빈은 전기 발전기로도 사용되었다.

그 결과 유럽 사회에는 산업혁명(Industrial Revolution)이 일어나 대규모 공장들에서 다량의 제품들이 훨씬 저렴하게 생산되기 시작하였다. 선진 국가들은 서로 간에 자국 제품들의 수출을 더 많이 하기 위해 치열하게 경쟁하게 되었고 피를 말리는 싸움에 휘말려들었다. 선진 국가들은 식민 정책(Colonialism)을 실시하여 저개발 국가들에 군대를 보내어 노동력을 착취하고 상품의 원재료들은 싸게 수입하고 완성된 제품들은 비싸게 팔아 돈을 벌었다.

서유럽 국가들과 일본은 저개발 국가들을 점령하여 자기들의 야심을 더욱 충족시켰다. 유럽에서는 식민 정책을 뒤늦게 시작한 독일이 두 차례의 세계대전을 일으켜 엄청난 피해를 당하고 나서야 정신을 차리기 시작했다. 이들은 유엔(United Nations)을 중심으로 식민 정책의 피해 국가들의 자주 독립과 저개발 국가들의 산업 발전을 위한 지원 정책들을 시작하였다. 선진 국가들은 처음에는 공장의 노동자들을 기계 이하로 대우하였지만 공산 국가들을 제외한 나라들에서는 노동조합의 항의와 노동자들을 지지하는 정당들의 힘으로 노동자들의 처우도 개선되기 시작했다.

인류 역사를 되돌아 보면 원시인들이 불과 칼을 처음으로 발견하였을 때 그 편리함에 매우 기뻐했지만 그 위험한 무기들을 무질서하게 사용함으로 인하여 따라오는 엄청난 피해로 큰 대가를 지불하게 되었다. 인간의 이성과 과학은 인류에게 편리를 제공하지만 동시에 인류는 환경 오염, 총기 사고, 미사일, 원자탄과 같은 가공할 만한 무기들 때문에 공포에 떨게 되었다. 석탄과 석유를 닥치는 대로 지하에서 발굴하여 태운 결과 대기의 탄산가스가 크게 증가하여 지구 온난화(global warming) 현상이 일어나 온 세계인들이 폭염, 홍수, 가뭄으로 시달리게 되었다. 지난 몇 년 동안은 열대 해양에서 발생해 북쪽 대륙으로 흐르는, 대기의 강(atmospheric river)이라고 불리는 길이 1,600km에 최대 폭이 400km에 이르는 비구름이 엄청난 비를 퍼붓고 있다고 한다.

2023년의 남, 북 대륙과 바다의 온도는 미 국립 해양 대기권국(National Oceanic Atmospheric Administration, 미국 상무성의 기후를 담당한 부서)이 174년 동안 측정한 온도 중에서 최고치를 기록하였다고 한다. 파리에서 열린 기후 협약에서는 세계 평균 온도를 산업혁명 이전과 비교해서 섭씨 2도 이상은 올리지 않기로 약속하였으나 그 가능성은 거의 보이지 않는다. 기후 전문가들은 섭씨 1.5도가 올라가는 것을 변이점(tipping point)으로 보고 있다. 앞으로 연 평균 온도가 섭씨 1.5도 이상 증가하면 그 전으로 회복하기가 매우 힘들어진다고 한다.

인구 폭발(population explosion)은 지구 온난화 문제를 일으켜 온 지구의 생태계가 몸살을 앓고 있다. 서아프리카에 있는 나이지리아는 미국의 텍사스주 정도의 크기이지만 인구는 1995년에 1억 명을 넘었고 2017년에는 2억 명을 넘었다고 한다. 인구가 이렇게 급증하는 이유는 이슬람 종교가 인구 증가를 장려하고 보건 의료가 현대화되었기 때문이다. 인도와 중국의 2023년 인구는 각각 14억 명을 넘었다. 그러나 많은 국가들은 노인들의 은퇴 비용을 젊은층들이 보조하기 위해 가급적 더 많은 수의 자녀 출산을 적극적으로 장려하고 있다. 중국도 출산율이 줄어든다고 중국의 발전에 큰 도움을 주었던 각 가정에 한 자녀 낳기 정책을 폐지하였다.

그러나 인구 폭발에 의한 지구의 종말을 피하려면 외국인 노동자들이 합법적으로 이민을 와서 일할 수 있도록 법을 개정하는 것이 자녀의 출산 수를 늘리는 것보다 더 현실적이고 또한 바람직하다.

프랑스는 은퇴 연금이 고갈되는 것을 막기 위해 은퇴 연령을 62세에서 64세로 올리도록 법을 개정하였다. 그러자 프랑스 국민들은 법 개정에 항의하여 곳곳에서 불을 지르고 폭동을 일으켰다. 일반적으로 인간의 평균 수명이 많이 늘었는데 봉급을 받으면서 2년 더 일하라고 하는 정부 방침에 폭동까지 일으키는 프랑스인들의 이기심에 놀랄 뿐이다.

이슬람교는 세계에서 인구가 가장 빠르게 증가하는 종교다. 이슬람 교인 수는 2010년에 16억 명이었고 2050년에는 28억 명으로 추산된다. 이슬람은 마호메트 이후로 일부다처제를 용인해 왔다. 이슬람 사회는 조혼을 장려하고 자녀를 많이 낳는 것을 원하는 사회 관습 때문에 인구 증가율이 세계 인구 증가율의 거의 두 배가 된다. 천주교를 믿는 나라들도 인구 증가율이 상대적으로 높다. 천주교는 낙태를 포함해서 피임을 허락하지 않는다. 천주교도의 숫자는 2004년에서 2050년 사이에 두 배로 증가할 것으로 예측된다.

주제를 바꾸어서 우주의 기원에 대해 이야기해 보자. 밤하늘에 보이는 은하수로 알려진 흰 띠가 별들의 모임이라는 것은 갈릴레오가 자신이 만든 망원경으로 본 후에 처음으로 알아 내었다. 은하계 소우주(galaxy)에는 약 4천억 개의 태양과 비슷한 별들이 있다. 은하계 소우주는 원반 형태로 생겼는데 3억 년에 한 번씩 돌고 있다. 지금 관측이 가능한 우주에서 확인된 은하계 소우주와 비슷한 규모의 소우주 숫자는 2천억 개 정도로 알려져 있다.

그러므로 우주 전체에는 4천억×2천억 개의 별들이 있다! 20세기 초에 천체 물리학자들은 소우주들 가운데 나선 운하(spiral glaxies)들이 지구에서 점점 더 멀어지는 것을(Spiral galaxies' spectra were Redshifted) 발견하였다. 눈에 보이는 가시광선은 빨강색에서 보라색까지 일곱 가지 색깔로 구분한다. 이 중 빨간빛은 긴 파장의 빛, 보랏빛은 짧은 파장의 빛으로 형성되어 있다. 따라서 과학자들은 멀어져가는 소우주에서 오는 빛의 파장이 도플러(Doppler) 현상으로 길어지는 것을 빨간색으로 전이된다(redshifted, 무지개의 색깔 중 빨간색의 파장이 제일 길다)고 부른다.

1927년에 벨기에의 물리학자이며 신부였던 르마이트레(Georges Lemaitre)는 나선 운하들이 서로 멀어져가는 움직임을 설명하기 위해 대폭발 이론(The Big Bang theory)이라는 가설을 주장하였다. 10년 후 미국 천체 물리학자 허블(Edwin Hubble)은 그가 망원경으로 측정한 소우주들이 모두 지구에서 멀어져가는 현상을 소우주들에서 오는 빛의 빨간색 전이(Red shift)로 확인하였다(the Doppler shift of spectra from moving away objects causes the wavelengths of spectra shift to get longer). 이것은 우리에게 가까이 오는 기차의 경적이 고음으로(파장이 짧아짐으로) 들리고, 멀어져 가는 기차의 경적이 저음으로(파장이 길어짐으로) 들리는 것과 같은 현상이다.

그는 허블(Hubble)의 법칙도 발표하였는데 이 법칙은 우주의 공간들이(우주의 별들이 아님) 서로 간에 팽창하기 때문에, 소우주들이 서로 멀어져 가는 속도가 지구로부터 소우주까지의 거리에 비례한다는 이론이다.

1915년에 유대인 물리학자 아인슈타인(Albert Einstein)은 일반 상대성 이론(General Theory of Relativity: 물질이나 중력이 시공간을 굴절시키는 현상에 대한 이론)을 발표했는데, 이 이론도 우주의 팽창설을 주장하고 있다. 아인슈타인은 남가주의 파사데나(Pasadena)에 있는 그리피스(Griffith) 천문대에 가서 허블이 측정한 소우주들이 팽창함으로 생기는 소우주들의 빛의 파장이 길어지는(redshifted galaxies' spectra) 현상을 같이 점검하였다. 영국의 물리학자 호킹(Stephen Hawking)은 우주가 처음에는 한 작은 특이점(singularity)에서 팽창을 시작했다는 가설도 발표하였다.

미국에서 우주를 연구하는 총책임 정부기관을 나사(National Aeronautics and Space Administration, NASA)라고 부른다. 나사는 우주가 아득한 옛날에 대폭발(The Big Bang)로 형성되었다는 가설을 확인하려고 세 차례에 걸쳐 인공위성 탐사선을 발사하였다. 1989년 11월 18일에 코브(Cosmic Background Explorer, COBE) 인공위성을 발사하였는데 코브는 4년 동안 인공위성 궤도를 돌며 우주 대폭발 38만년 후에 생긴 우주 배경 복사(Cosmic Microwave Background Radiation, CMB)가 온 우주를 뒤덮고 있는 것을 발견하였다. 흑체 복사 이론(black body radiation theory)에 의하면, 이 우주 배경 복사의 단파선 주파수는 이 복사선을 방출하는 물질의 온도와 연관되어 있다.

과학자들은 이 주파수를 측정하여 그 주위 물질의 온도를 추정할 수 있다. NASA는 이렇게 얻은 온도 분포를 "Baby Picture of the Universe"(초기 우주의 아기 사진)라고 불렀다. 그러나 이 사진은 CMB들의 온도 분포를 찍은 사진이므로 우리가 흔히 보는 물체의 모양을 찍은 사진과는 조금 다르다. 138억 년 전에 일어난 뜨거운 대폭발로 시작된 우주는 오랜 기간 계속 팽창하며 냉각되어 섭씨 영하 270.3도의 온도가 될 것으로 예측되었는데 COBE 관측 결과는 예상과 정확히 일치하였다.

COBE의 놀라운 결과에 고무된 NASA는 2001년에 더블유 맵(Wilkinson Microwave Anisotropy Probe, WMAP) 관측 위성을 또 발사하였다. 더블유 맵은 COBE보다 훨씬 더 정밀한 온도 측정으로 COBE가 측정하지 못한 많은 데이터들을 새로 발표하였다. 그 결과 지금 관측되고 있는 수많은 소우주의 모양들이 COBE가 관측한 CMB 온도 분포 내에 있는 작은 교란(perturbations)에서 시작된 것도 발견하였다.

과학자들은 이 교란이 암흑 물질(dark matter)의 중력 때문에 생긴 것을 알아냈다. 아인슈타인은 그의 상대성 이론이 계속 팽창하는 우주를 예측하는 것에 불만을 품고 우주의 크기를 항상 일정하게(steady state model) 하려고 우주 상수(cosmological constant)를 그의 상대성 이론 방정식에 집어넣었다.

그러나 허블이 우주가 팽창하고 있는 것을 발견한 후에 우주 상수를 다시 그의 방정식에서 빼버렸다. 그의 방정식은 물질이 플러스(+) 질량을 가지지만 마이너스(−) 질량을 가진 물질도 있음을 말하고 있다. 과학자들은 이 마이너스(−) 질량을 암흑 에너지(dark energy)라고 부르는데, 암흑 에너지는 중력과 반대로 물질들을 서로 밀어내는 힘을 가한다. 더블유 맵의 측정 결과로 우주 전체에 있는 물질은 다음에 열거한 구성 분자들이 모여서 형성되어 있음을 알게 되었다.

이들은 망원경으로 관측된 중입자(양성자) 이상의 물질이 4.6%; 소우주의 모양과 움직임을 결정하는 암흑 물질(dark matter, 빛이나 전자파를 방출하지도 흡수도 하지 않지만 소우주의 공전에 중력으로 작용하는 물질)은 24%; 그리고 역시 보이지는 않지만 우주의 팽창을 가속시키는 암흑 에너지(dark energy)는 71%로 구성되어 있다. COBE를 위해 노력한 과학자들은 2006년 노벨 물리학상을 수상하는 영예도 얻게 되었다. NASA는 유럽 우주 계발협회와 공동으로 2009년에 플랑크(Planck) 관측위성도 발사하여 더 정밀한 관측을 계속하였다.

현대과학의 장족의 발전에 자극을 받은 신학자들은 성경이 우주 창조를 6,000년 전이 아닌 10,000년 전쯤으로 말한다고 새로이 주장하고 있지만, 사람들의 관심을 끌지 못하고 있다. 10년 전 즈음에 지적 설계론(Intelligence Design)의 대표 주자인 로스(Hugh Ross) 천체 물리학 박사와 보수 신학계의 대표 한 분이 라디오에서 서로 격렬하게 토론하는 것을 들은 적이 있다.

보수 신학자는 하나님이 6천 년 전에 138억 년이 된 나이가 많은 우주를 만들었을 수도 있다고 주장했다. 로스 박사는 지금 우리가 우주 초기의 사진을 가지고 있기 때문에 그 주장은 잘못되었다고 말했지만 보수 신학자는 그런 사진이 없다고 떼를 썼다. 그러나 그 사진은 COBE가 이미 촬영했다고 위에서 밝혔다. 그리고 지금의 우주는 138억 년이 된 우주가 갑자기 생긴 것이 아니라 **138억 년 전에 태어난 우주가 지난 138억 년 동안 계속해서 팽창되어온 결과 즉 이 우주의 처음 뜨거웠던 모습이 오랜 기간 계속 팽창하면서 냉각되어서 섭씨 영하 270.3도(절대 온도, Kelvin 2.85도)의 온도로 떨어진 모습을 보여주고 있는 것이다!** 즉 하나님께서 갑자기 138억 년 된 늙은 우주의 모습을 우리에게 보이신 것이 아니라 138억 년 전에 태어난 우주가 138억 년 동안 계속 늙어가고 있는 우주의 모습을 지금 우리에게 보여 주고 계시는 것이다.

과학은 여러 가지로 측정한 데이터로 대폭발 이론을 우리에게 매우 설득력 있게 증명해 보여 주고 있다. 그 대표적인 데이터는 다음과 같다.

1. 우주의 소우주들이 모두 지구에서 멀어지고 있다.
2. 우주 배경 복사(CMB)는 흑체 복사 이론의 추측대로 섭씨 영하 270.3°(2.85도 Kelvin, 참고로 절대 온도: 0^0K=-273.15^{0}C)를 가리킨다.
3. 대폭발 3분 후의 헬리움(Helium^4)/수소(H^1)=0.08, 중수소(D^2)/ 수소=10^{-4}, 헬리움(Helium^3)/수소=10^{-5}, 리티움(Lithium^3)/수소=10^{-10}의 측정된 분포는 추정량과 일치한다.

4. 은하계의 가장 오래된 별(SMSS J0313-6708)의 나이는 136억 년으로 추정되며, 137.7±0.6억 년 된 우주의 나이에 근접해 있다(Planck 인공위성의 Data).
5. 우주 배경 복사의 온도 변동과 각도의 크기는 대폭발 이론과 일치한다.
6. 우주 배경 복사의 편광(polarization)의 크기와 분포는 작은 온도 변화와 연관되어 있는데 더블유 맵 인공위성은 이 온도의 분포가 지금 보이는 소우주의 분포와 일치함을 보여주었다.

그러나 아직도 대폭발 이론에는 여러 가지 근본적인 의문들이 남아 있다. 호킹(Stephens Hawking)은 지금의 우주가 대폭발을 했을 때 일반 상대성 이론에 의하면 우주가 특이점(singularity)에 있었다고 발표했다. 그러나 우주가 처음 시작했을 때, 즉 대폭발 때 특이점의 경우는 태양보다 훨씬 큰 별이 수명을 다해서 중력으로 한 점으로 응축되는, 즉 모든 것을 빨아들이는 블랙홀(black hole)이 되는 경우와는 다르다.

대폭발 초기의 특이점(singularity) 직후에는 우주 전체가 매우 작았으므로 아인슈타인의 중력 이론에 양자역학 이론이 합쳐져야 한다. 138억 년 전에 우주가 왜 갑자기 폭발했는지에 대한 이유를 과학자들은 여러 가지로 추측하고 있다. 소립자 물리학에서 나온 대통일 이론(Grand Unified Theory, GUT)에 의하면 우주 대폭발 초기와 같은 매우 큰 에너지가 모여 있던 환경에서는 원자핵의 강력, 원자핵의 약력과 전자기력의 힘이 모두 다 같은 크기의 힘으로 있었는데 대폭발 후 온도가 떨어지면서 서로의 힘이 달라지는 상 전이(phase transition)를 했다고 믿는다.

대폭발 때의 경우는 공간이 급팽창(inflation)으로 빠르게 팽창하고 있었고 매우 작은 공간에 엄청난 에너지가 매우 짧은 시간 동안에 모여 있는 경우이므로 상대성 이론보다 양자 중력(quantum gravity) 이론으로 그 상황을 분석해야 하지만 양자 중력 이론은 아직 개발되지 않았다. 과학자들은 복잡한 상대성 이론의 방정식 때문에 중력을 어떻게 양자화(quantize)하는지도 모른다. 양자 중력 이론을 개발하기 위해서 끈 이론(String Theory)이 여러 이론들에 앞서 연구되고 있지만 끈 이론에서 나타나는 복잡한 현상들을 다룰 수가 없어 특별한 진전이 없다.

과학자들은 초기의 대폭발이 엄청난 속도로 팽창(inflationary expansion)의 과정을 통과한 것으로 보고 있다. inflationary expansion은 빅뱅 직후 10^{-36}초에서 10^{-32}초 사이에 온 우주가 10^{26}배로 확장되었다는 이론이다. 우주가 이렇게 짧은 시간에 이렇게 엄청나게 크게 팽창한 이유를 물리학자들은 여러 가지로 추측하고 있다. 일부 물리학자들은 팽창이 양자 요동(quantum fluctuations)으로 생겼다고 생각한다.

독일의 물리학자 하이젠버그(Werner Heisenberg)는 양자 역학의 세계에서는 입자의 위치와 운동량(질량과 속도를 곱한 값)이나, 에너지와 측정 시간을 동시에 정확히 측정할 수 없다는 불확정성 원리(Uncertainty Principle)를 발표하였다. 이 원리는 모든 물질이 질량이 있으므로 입자처럼 운동량을 가지고 움직이지만, 그 움직임의 모양은 파동처럼 보인다는 프랑스 물리학자 드 브로기유(Louis de Broglie)의 이론에서 나온다.

파동은 입자처럼 그것이 있는 지점이나 시간을 정확히 측정할 수 없다. 따라서 우주가 처음 폭발했을 때의 짧은 시간 동안에 수많은 가상입자들(virtual particles) 즉 에너지가 요동치고(양자 요동) 있었고 그 가상입자들이 지금 우리가 살고 있는 우주로 팽창해 나왔다는 이론이다.

소련 태생의 물리학자 린드(Anrei Linde)는 팽창 에너지가 어디서 생겼는가를 설명하려고 시도하였다. 그의 이론에 의하면 우주에 있는 세 가지의 기본 힘들(원자핵 안의 소립자들을 끌어 모으는 강력, 원자핵이 너무 커지면 원자핵을 붕괴시키는 약력, 양전기와 음전기들이 서로 밀고 끌어당기는 전자기력)이 매우 높은 고온에서는 크기가 같았는데 팽창으로 온도가 많이 떨어지자 상의 전이(Phase Transition)를 하면서 많은 열을 방출했을 것으로 추측하였다. 마치 액체의 물이 온도가 떨어지면 상 전이를 하면서 고체의 얼음으로 얼기 시작하면 열을 방출하는 것과 같은 현상이다. 우주는 상 전이로부터 나온 열에 의해서 엄청난 팽창을 했다고 추측한다.

그러나 미국의 물리학자 구스(Allen Guth)는 그렇게 팽창된 우주는 동질적이지 않기 때문에(inhomogeneous) COBE가 측정한 CMB의 균일한 모양과는 다르다는 것을 지적하였다. 린드는 이 문제를 해결하려고 혼돈된 팽창 이론(Chaotic Inflation Theory)을 발표하면서 수많은 우주가 계속 생성된다는 이론(Infinite Inflation Theory)을 연구하고 있다. 그러나 상대성 이론에 의하면 이 가상의 우주들은 서로 간에 연락을 취할 수 없다. 우주가 무한대로 많이 있다는 주장을 받아들이기도 힘들지만 서로 간에 연락을 취할 수 없는 우주가 많이 있어봐야 별 의미가 없다.

팽창(inflation)으로 확장된 우주는 대폭발 가설에서 나오는 여러 가지 의문점들을 해결했다. 첫 번째는 우주가 균일함(flat)에 대한 의문 즉 우주가 대폭발로 인한 팽창력과 물질들이 중력으로 서로 끌어당기는 폭발력의 반대되는 힘 간의 완전한 균형이 138억 년 동안 완벽하게 유지된 이유, 두 번째는 우주의 등방성(우주를 어느 방향으로 보아도 똑같은 성질을 보유한 이유, Isotropic)과 우주의 시야 영역(Horizon)의 문제, 즉 입자들이 서로 섞인 적은 없지만 동쪽 끝의 우주 배경복사(CMB)의 온도와 입자 밀도는 서쪽 끝의 우주 배경 복사의 온도와 입자 밀도와 서로 동일한 이유, 세 번째는 자석의 한쪽 극, 즉 남극이나 북극(magnetic monopole)이 따로 발견되지 않는 이유, 전기의 한쪽 극인 전자나 양성자(electric monopole)는 많이 있지만 자석의 한쪽 극만이 있는 것은 발견되지 않는 이유 등을 팽창(inflationary expansion)으로 설명한다. 처음에는 작은 우주에서 서로 잘 섞여 있다가 팽창(inflation)으로 우주가 갑자기 매우 크게 확장하였다는 것으로 설명해 내고 있다. 네 번째는 바리온 비대칭(baryon asymmetry or matter antimatter asymmetry) 현상의 이유이다. 이 문제는 빅뱅이 일어났을 때 바리온(양자, 중성자, 중간자 등의 입자들) 숫자가 반물질(antimatter, 마이너스 전기를 가진 전자의 반물질은 플러스 전기를 가진 양전자)들의 숫자보다 더 많이 생겼는데 그 이유를 알 수가 없다는 것이다. 실험을 해 보면 항상 물질의 수와 반물질의 수가 똑같이 생기지만 빅뱅 때에는 물질이 더 많이 생겨(?) 우주를 오랫동안 관측하여도 반물질은 거의 보이지 않는다.

팽창 대폭발(Inflationary Big Bang) 이론에 의하면 실질적인 대폭발은 팽창(inflation)에서 일어났다고 보면 된다. inflanation이 시작한 1초 후의 우주는 섭씨 100억 도의 빛과 소립자(elementary particle, 전자나 양성자 따위)가 섞여 있었다고 추측된다. 그 후 5분 동안에 우주는 더 식어서 양성자와 중성자가 강력으로 합쳐져 가벼운 원자핵들 즉 수소, 헬리움, 그리고 소량의 리티움(Lithium)과 베릴리움(Beryllium)이 만들어졌다. 전자들은 아직 원자들에 흡수되지 않아 자유롭게 돌아다니며 빛과 충돌하며 빛을 산란(scatter)하였다. 대폭발이 일어난 지 38만 년 후에 우주는 상당히 팽창하였고 그 결과 우주의 온도는 상당히 떨어져 전자들이 원자핵에 끌려들어가 고정된 전자 궤도를 돌게 되었다. 그 결과 빛은 더 이상 산란되지 않고 온 우주로 마음껏 퍼져 나갔다. 특히 원자에 소속된 전자들은 에너지가 더 낮은 전자 궤도로 떨어지면서 빛을 발산하였다.

138억 년 동안 팽창해온 우주 때문에 **도플러 현상**으로 이 빛의 온도가 계속 떨어져 절대온도 2.7^{0}K의 우주 단파 배경 복사(CMB)가 되었다. 우주는 처음 2억 년 동안 수소 원자 내에 있는 전자들이 대부분의 짧은 파장의 빛을 흡수했으므로 다시 어두워졌다. 그 당시 수소의 밀도에 작은 변동(fluctuation)이 있었으며 암흑 물질들의 중력이 수소 가스들을 밀도가 높은 곳으로 끌어당겼다. 그 결과 엄청난 양의 수소들이 모여 태양보다 훨씬 큰 별들이 생기기 시작하였다. 이 별들의 내부에서는 중력으로 가열된 고온 때문에 핵융합(nuclear fusion) 반응이 시작되었다. 이 별들이 모여 은하계와 같은 수많은 소우주들이 생겨났다. 우주 공간은 빅뱅 대폭발 이후 110억 년이 되었을 때부터 암흑 에너지(dark energy)의 힘으로 조금씩 더 빨리 팽창하고(accelerated expansion) 있다.

1633년 이탈리아의 과학자 갈릴레오(Galileo Galilei)가 자신이 만든 망원경으로 목성을 관찰하여 목성의 위성 4개가 지구를 중심으로 도는 것(천동설)이 아니라 목성을 중심으로 움직인다(지동설)는 주장을 했다가 교황의 종교재판을 받은 사건이 있었다. 그 당시 교황 측은 시편 19편을 인용하여 태양과 우주가 지구를 중심으로 하루에 한 바퀴씩 돈다고 주장하였다. 그 당시에는 교황 측 학자들의 실력으로 우주를 관측하는 관측자의 좌표계를 우주 공간에 세우지 않고 지구 표면에 세우는 실수를 극복할 수 없었다. 온 우주가 지구 주위를 매일 한 바퀴씩 도는 것이 아니라, 지구가 매일 한 바퀴씩 스스로 자전하는 모습이 과학자들의 오랜 노력으로 밝혀졌다(지동설).

여기에서 저자가 강조하려는 것은 성경을 과학의 도움 없이 너무 쉽게 해석하려는 유혹은 성경의 권위에 엄청난 타격을 가할 수 있다는 것이다. 갈릴레오 재판 사건과 유사한 논쟁이 지금도 벌어지고 있다. 창조 과학회에 속한 사람들은 우주의 기원이 6천 년에서 만 년 정도 전에 이루어졌다고 주장한다. 그들의 주장이 과학계의 비웃음을 받는 것은 큰 문제가 아니다. 더 큰 문제는 하나님의 계시인 성경의 권위가 그들의 주장과 함께 무너져내리는 것이다.

저자는 과학이 다 옳고 성경은 다 틀렸다고 주장하지 않는다. 오히려 많은 경우에 성경이 옳고 설익은 과학 이론이 틀린 경우도 많이 보아왔다. 그러나 많은 경우 성경이 틀린 것이 아니라 성경의 해석이 잘못된 경우가 너무나 많다는 것이다. 저자는 수많은 보수 신학자들이 성경이 우주 창조를 6천 년 전에 이루어졌다고 말한다는 주장을 들었다. 그러나 현대 과학자들은 우주가 138억 년 전에 시작되었다고 주장한다. 저자는 창세기 1장을 다시 읽어보면서 성경이 전혀 다른 이야기를 하고 있음을 알게 되었다.

저자는 6천 년 우주 창조설을 주장하는 사람들에게 지구는 하나님의 6일 창조 활동 중에서 며칠째 창조되었느냐고 물었다. 아직까지 저자의 이 간단한 질문에 제대로 된 대답을 한 번도 들어본 적이 없다. 창세기 3장의 하와와 사탄의 간단한 대화에서도 보듯이 성경을 많이 아는 것보다 정확히 아는 것이 더 중요하다. 간교한 사탄은 하와에게 "하나님이 참으로 너희더러 동산 모든 나무의 실과를 먹지 말라 하시더냐?"(창 3:1)라고 '모든 나무의 실과'라는 말을 교묘하게 하나님이 하신 말씀에 집어넣었다. 하와는 사탄의 말을 엉터리로 교정하였다. "동산 중앙에 있는 나무의 실과는 하나님의 말씀에 너희는 먹지도 말고 만지지도 말라 너희가 죽을까 하노라 하셨느니라"(창 3:3)라고 엉터리로 인용하였다. 인류의 운명은 하나님의 말씀을 "네가 먹는 날에는 정녕 죽으리라"(창 2:17)란 말씀에서 "너희가 죽을까 하노라"로 완전히 바뀌었다.

저자는 창세기 1장을 해석하기 위해 여러 주석책들을 참조하였다. 그러나 모든 주석책들이 한결같이 수천 년 전의 근동에 있었던 신화들을 인용하기도 하고 본문과 비슷하게 표현된 성경의 구절들을 인용하면서 본문의 여러 가지 의미를 추측하려고 하였다. 단 한 권의 주석책도 현대 과학적 배경을 참조하여 본문을 해석하려고 하지 않았다. 물론 수천 년 전의 히브리인들이 현대 과학을 알았을 리는 없지만 그들에게 하나님의 말씀을 계시한 성경의 저자이며 우주를 만드신 성령 하나님은 현대 과학자들보다 훨씬 더 많이 과학을 정확히 알고 계신다. **필자는 지적 설계론(Intelligent Design Theory)이 주장하는 세밀하게 설계된 우주 이론(Fine Tuned Universe Theory)을 참고해서 창세기 1장을 새로 해석하는 것이 과학을 아는 현대인에게 훨씬 더 쉽게 접근할 수 있음을 확신한다.**

세밀하게 설계된 면을 확실하게 보여주는 우주의 구조에는 중력 상수와 같은 물리학적으로 측정된 상수들이 조금만 달라져도 지구에 생명이 존재하는 것은 전혀 불가능한 것과 같은 예를 수백 가지나 제시하고 있다(Hugh Ross, *The Creator and the Cosmos*, Colorado Springs, Colorado: Navpress, 1993, pp 111-114, 129-132). 미국의 43대 대통령인 부시(George W. Bush)도 자기는 지적 설계론을 믿는다고 언론에 말한 것을 본 적이 있다. 미국 사람들은 상당히 많은 사람들이 지적 설계론을 믿는다. 우주와 지구가 세밀하게 설계된 것같이 보이는 몇 가지의 예를 나열해 보자.

중력 상수와 핵의 약력 상수가 1% 이하로 매우 미세하게 변해도 우주가 너무 빨리 팽창하거나 너무 빨리 수축해서 생명이 존재할 시간이 절대적으로 부족해진다. 핵의 강력 상수가 2%만 더 작아지면 수소보다 더 큰 원자는 존재할 수 없으며 2%만 더 커지면 우라늄과 같은 무거운 원자만 존재하게 되어 생명에 필수적으로 필요한 물과 유기물질에 필요한 수소는 존재할 수 없다. 처음으로 혹성의 궤도를 측정한 독일의 천체 물리학자 케플러(Johannes Kepler)는 혹성의 궤도가 원이 아니고 원이 일그러진 타원인 것에 놀랐다. 그의 궤도 측정은 뉴턴의 중력 법칙을 찾아내는 데 큰 도움이 되었다. 그 당시 모든 사람들은 혹성이 원의 궤도를 돌아야 한다고 추측하였다. 그러나 수백 년 후 끈이론으로 밝혀진 사실은 오직 **3차원의 공간에만 안정된 타원의 궤도가 존재할 수 있고**, 다른 차원의 공간에는 원의 궤도가 존재할 수 있지만 원의 궤도는 항상 매우 불안정한 것으로 알려져 있다.

지구의 궤도는 거의 원에 가까운 타원이어서 안정되어 있고 1년 동안의 온도 변화는 매우 작아 생명을 유지하기 위한 바닷물의 온도가 뜨겁지도 차갑지도 않으며 지구는 수십억 년을 안정되게 태양 주위를 돌고 있다. 태양은 지구보다 백만 배나 더 크다. 태양 내부는 엄청난 중력 때문에 매우 뜨거우며 매초에 백억 개의 수소 폭탄이 터지고 있다. 핵 폭발로 인한 엄청난 에너지가 태양 표면에 도달하면 수소와 이온들이 시속 백만 마일의 속도로 우주를 향해 날아간다. 이것을 태양풍(solar wind)이라고 부른다.

다행히 지구 내부에는 방사성 물질의 붕괴로 철이 녹아서 돌고 있기 때문에 전기가 흐르게 되었고 따라서 지구 주위를 반 알렌 벨트(Van Allen belts)로 불리는 자장(magnetic field)이 보호하고 있다. 이 자장은 태양풍을 밀어내어 지구를 비껴가게 하여 지구의 대기권을 보호해 준다. 이렇게 태양풍을 막아 주는 자장은 태양계에 있는 다른 혹성들에는 없다. 금성에는 지구에 있는 대규모의 자장은 없지만 대기권의 일부가 태양의 자외선(ultra violet) 광선으로 이온화되어 약한 자장이 생겨 가벼운 수증기는 모두 태양풍에 날아갔지만 탄산가스 같은 무거운 공기는 아직도 남아 있다. 지구가 태양 주위를 도는 거리는 지구에 생명이 존재하기 위한 물이 액체로 존재하는 이상적인 위치에 있다. 액체로 존재하는 모든 물질은 온도가 떨어지면 밀도가 점점 올라간다. 겨울에는 대부분의 액체는 무거운 고체로 굳어져 바다나 강 밑으로 가라앉아 바다나 강을 밑바닥부터 모두 얼게 할 것이다.

그러나 물은 섭씨 4도에서 밀도가 가장 높아진다. 그러므로 강, 호수, 바다의 온도가 떨어지면 섭씨 4도의 물이 무거우니까 밑바닥에 깔리고 섭씨 영도의 물은 바다와 강의 표면을 덮게 되어 물이 표면부터 얼기 시작한다. 얼음은 열을 잘 차단하기 때문에 얼음 밑은 쉽게 얼지 않는다. 만약에 얼음의 밀도가 물의 밀도보다 더 높았다면 물은 바닥에서부터 얼기 시작하여 물고기들은 전멸했을 것이고 생명은 존재할 수 없었을 것이다.

이렇게 지구가 생명의 존재를 위해서 만들어졌다고 보는 이론을 인류 지향적 원리(Anthropic Principle)라고 부른다. 지적 설계론(Intelligent Design Theory)의 이론이 주장하는 세밀하게 설계된 우주와 생명들(fine tuned universe and lives)은 우주가 인류지향적 원리로 창조된 증거다.

카터(Brandon Carter)와 호킹(Stephen Hawking)은 두 가지의 인류지향적 원리가 있다고 말한다(Stephen Hawking and Leonard Mlodinow, *The Grand Design, New York*: Bantam Books, 2010, pp. 154-155). **약한 인류지향적 원리(Weak Anthropic Principle, WAP)는 인간이 관측하는 우주는 지적인 관측자들이 존재하여 우주를 관측하도록 만들어졌다고 주장한다.** 즉 우주의 특징이 인간과 같은 지성을 가진 존재가 나타날 수 있도록 오랜 기간 온도 조절과 생명에 필요한 물과 산소와 유기물질들을 공급하고 해로운 모든 현상들(태양풍, 자외선, 방사선, 운석, 극고온과 극저온 등)에서 보호해 주는 환경을 마련해 왔다는 말이다.

화성과 목성 사이에는 목성의 강한 중력에 이끌리어 소행성대(asteroid belt)가 형성되어 대부분의 운석들이 여기에 갇혀 있다. 이 운석들은 크기가 1km가 넘는 돌들이 많아 지구와 부딪히면 지구에 엄청난 재앙을 일으키는 것으로 알려져 있다. 지질학자들은 6천 6백만 년 전에 10km 정도 크기의 운석이 지구와 충돌하여 모든 공룡들과 수많은 동물들을 죽였다고 발표하였다.

유기물질이 존재하려면 탄소가 있어야 하는데 탄소가 뜨거운 별 안에서 쉽게 만들어지지 않는다. 호일(Fred Hoyle) 박사는 세개의 헬리움 원자핵이 합쳐져야 6개의 양성자를 가진 탄소가 만들어지는데 그 확률은 너무 작아서 불가능하다고 말했다. 그러나 태양 같은 별의 내부에 있는 수소가 융합되어 수소의 대부분이 **헬륨**이 되어 태양의 수명이 다하면 적색 거성(red giant)이 되는데 이 안에서 **헬륨** 원자핵 두 개가 먼저 합쳐져서 4개의 양성자를 가진 **베릴륨**이 되지만 **베릴륨**은 빨리 분해되어 버린다. 그러나 수소가 고갈된 적색 거성(red giant star)은 온도가 매우 높아 베릴륨이 분해되기 전에 또 하나의 **헬륨**과 충돌하게 되며(triple alpha process) 이 상태는 탄소와 에너지와 공명(resonance)을 이루어 순식간에 탄소로 전환된다.

호일 박사는 이 현상을 기적이라고 불렀다. 이 인류지향적 원리가 있기 때문에 우주에 떠 다니는 암석에 탄소와 산소가 많이 있게 되어서 생명이 존재할 수 있게 되었다.

강한 인류지향적 원리(Strong Anthropic Principle, SAP)는 우주가 세밀하게 설계되어 생명이 반드시 존재하도록 만들어졌다고 주장한다. 강한 인류지향적 원리는 수백 개가 있다. 그중 몇 개의 예를 보면, 중력 상수가 지금보다 조금만 더 작았으면 별 내부의 수소들이 융합되지 못하여 수소탄이 터지지 않는다. 그러면 별이 열과 빛을 만들 수 없고 지구에는 생명이 존재할 수 없게 된다. 반면에 중력이 조금만 더 컸으면 핵 융합이 매우 빠르게 진행되어 별의 수명이 엄청나게 단축되고 지구에 생명이 존재할 수 있는 시간이 크게 단축된다. 핵 내부의 강력이 조금만 약해지면 양성자들이 서로 플러스 전기로 밀어내어서 수소 이상의 무거운 원소는 존재할 수 없다. 반대로 강력이 조금만 더 강해지면 양성자들이 쉽게 합쳐져서 철보다 무거운 원소들만 존재하게 되기에 수소나 탄소가 없는 세상이 되어 생명이 존재할 수 없게 된다. 전자기력이 지금보다 조금만 더 약해지면 전자들이 핵에서 쉽게 벗어나게 되어 원자가 존재할 수 없다. 반면에 전자기력이 조금더 강해지면 전자들이 다른 원자의 영향을 받지 않으므로 분자(molecule)의 형성이 불가능하게 되고 생명은 존재할 수 없게 된다.

강한 인류지향적 원리의 또 다른 예는 중력이 아주 조금만 더 강했더라면 우주 대폭발은 백만 년을 넘기지 못하고 팽창을 멈추고 다시 본래의 점으로 되돌아가 대폭발을 반복하게 된다. 별들의 수명은 훨씬 짧아져 생명의 출현이 불가능하게 된다. 그 반대로 중력이 아주 조금만 더 약했더라면 우주 대폭발 때 모든 물질들은 순식간에 흩어져 원자, 분자, 별 등의 형성이 불가능하게 된다. 별이 형성되었다고 해도 온도가 너무 낮아 무거운 원소들은 형성될 수 없다. 지금 이야기한 몇 개의 예에서 보더라도 우리가 존재하는 우주가 생명이 존재하도록 모든 물리 상수들이 이상적으로 배합되어 있음을 부인할 수 없다. 일부 과학자들은 신이 없는 인류지향적 원리를 설명하려고 다중 우주(multiverse) 이론을 주장한다. 이 이론은 대폭발 초기에 엄청난 팽창(inflation)이 있었는데 이때 수많은 다른 우주들이 생길 수 있었다는 이론이다. 강한 인류지향적 원리(SAP)를 다중 우주 개념에 적용하면 무한히 많은 우주 가운데 우연히 우리가 사는 우주의 모든 물질 상수들(핵력, 중력, 강력, 양력, 빛의 속도 등)이 이상적으로 맞아서 오랜 후 지구와 같은 생명이 살 수 있는 이상적인 환경이 존재하게 되었고, 아메바와 같은 생명체가 계속 돌연변이(mutation) 하여 마침내 이성을 가진, 엄청나게 진화된 인간이 나오게 되었다는 신화와 비슷한 주장을 하게 된다.

창세기 1장 1절은 짧은 구절 안에 수많은 중요한 내용이 포함되어 있으므로 1절이 단순히 1장의 내용을 소개하는 요약이라는 말은 받아들일 수 없다. 태초라는 말은 아인슈타인의 상대성 이론을 모르면 제대로 이해할 수 없다. 특수 상대론은 에너지와 물질이 상호 교환될 수 있음을 증명했다. 에너지(E)와 물질의 질량(m)의 관계는 $E=mc^2$로 표현된다. 여기서 c는 빛의 속도이다. 우주는 물질과 에너지, 시간과 공간의 4차원으로 형성되어 있기 때문에 현대과학의 도움으로 태초를 제대로 해석하려면 시간만이 따로 창조되었을 때로 해석하면 안 된다. 시간이 있기 위해서는 물질과 공간도 동시에 존재해야 한다.

그러므로 1절을 재해석하면 하나님이 시간을 창조하셨을 때 물질과 공간 즉 하늘도 동시에 창조하셨다는 것이 제대로 된 해석이다. 이 세상의 어떤 종교도 시간이 창조되어서 시작한 때가 있었다고 하거나 혹은 시간이 유한하다고 주장하는 종교는 없다. 사람들은 우주는 영원하므로 신성을 지니고 있다고 믿었다. 그러나 기독교와 상대성 이론만이 시간의 시작이 있었음을 말하고 있다! 힌두교의 우파니샤드 사상이나 불교의 철학, 그리스 철학, 철학자 스피노자의 사상 등은 범신론(pantheism)에 속한다. 범신론은 우주와 만물 즉 우주의 구성 요소들이 모두 신이라는 이론을 주장한다.

17세기에 태어난 유대인 철학자 스피노자(Baruch Spinoza)는 무신론적 범신론자였다. 그는 자연이 신이라고 믿었다. 피조물과 분리된 기독교의 초월적 신과는 다른 자연신(자연은 신과 동일하다는 주장)은 피조물과 함께 존재하는 내재적 신이라고 믿었다. 정령신앙(Animism)도 하늘, 산, 바위, 수목, 동물 등을 모두 신으로 믿는다. 스피노자는 신은 무한하며 모든 현상을 필연적으로(by necessity, 반드시) 일어나게 하는 내재적 원인이라고 주장하였다. 스피노자의 신은 무한하고 절대적이며 대화가 필요 없는 비인격적 신이다. 스피노자의 철학은 현대 과학자들의 우주와 생명의 기원과 발전이 모두 과학의 법칙으로 설명될 수 있다는 생각과 유사한 점이 있다.

아인슈타인은 스피노자의 철학을 믿었고, 평생 그가 발견한 상대성 이론을 의지하고 세상의 모든 현상을 설명할 수 있는 궁극적인 물리이론을 찾으려고 노력하였으나 실패하였다.

그런데 창세기 1장 1절은 수천 조의 별들이 만들어진 과정에서 하필 조그만한 지구의 창조를 특별하게 말하고 있다. 2절은 성령께서 그 조그만한 지구의 바다 수면 위에 와서 그 위를 다니고 계셨음을 말하고 있다. 창세기의 저자는 처음부터 하나님의 주된 관심이 우주보다 지구에 있었고 성령께서는 그 지구의 대기권과 바다에서 생명 창조를 위한 준비를 위해 특별한 사역을 하고 계셨음을 말하고 있다(창 1장 2절). **그러므로 창세기 1장 3절부터 1장 31절에 기록된 하나님의 6일간의 창조 활동은 지구에 생명이 존재하기 위해서 하나님이 지구에서 하신 창조 역사를 기록한 것이지, 1절에서 말한 우주 즉 하늘을 창조하신 이야기를 6일 동안 다시 설명한 것은 아니다.**

욥기 26장 7절은 하나님이 북편 하늘을 허공에 펴시며 지구를 공간에 다셨다고 말한다(He spreads out the northern skies over empty space; he suspends the earth over nothing from *NIV Study Bible*, Grand Rapids, MI: Zondervan Corporation. 1985). 이 말씀은 공간의 개념 외에는 현대과학의 대폭발 이론이나 중력 이론과 별다른 차이가 없다. 욥기 38장 4-7절은 지구가 창조된 때를 묘사하고 있으며 이때 먼저 창조된 우주의 새벽 별들이 함께 노래하며 하나님의 아들들(천사들)이 다 기쁘게 노래하였다고 말한다.

성경은 지구가 창조되었을 때 이미 수많은 별들이 우주에 만들어져 있었다는 사실을 말하고 있다. **지구의 창조가 3절에 나오는 첫째 날 이전에 이미 이루어졌다면 우주와 다른 별들의 창조는 그보다 이전에, 즉 첫째 날 훨씬 이전에 이루어진 것이 틀림없다.** 대폭발 이론에 의하면 태양보다 8배 이상 큰 별에 있는 수소들은 계속 폭발하여 수소가 모두 고갈되면 핵 융합은 멈추고 엄청난 중력으로 생긴 압력으로 철이나 규사 같은 무거운 원자들이 만들어지고 초신성 폭발(supernova explosion)이 일어나서 부서진 돌들은 사방으로 퍼져 나갔다고 한다. 이 돌들이 중력에 이끌려 태양 주위의 궤도로 모인 것이 지구와 같은 혹성들이다. 그러므로 많은 혹성들은 별들보다 훨씬 뒤에 만들어졌을 가능성이 크다. 대폭발 이론은 우주 형성을 위한 대폭발이 138억 년 전에 일어났고 지구는 45억 년 전에 형성되었다고 말한다.

창세기 1장 2절은 지구가 초기에는 혼돈하고(formless or chaotic) 공허(empty)하였다고 말한다. 혼돈의 해결은 3절 이후에 하나님이 낮과 밤, 하늘의 수증기와 지표의 물, 바다와 땅을 나누고 모으는 역사로 혼란스러운 지구의 대기권과 지표가 모양과 질서를 갖추게 하였다고 해석할 수 있다. 공허(empty)함은 3절에서 31절 사이에서 하나님이 여러 종류의 생명들을 창조하심으로 지구가 식물과 물고기와 곤충들과 동물들로 채워졌다고 해석할 수 있다.

현대 과학에 의하면, 지구가 형성된 초기에는 수많은 운석과 혜성과 같은 얼음 덩어리들이 지구에 부딪혀 지구 표면은 뜨거운 물과 수증기로 덮였을 것으로 추정한다. 이것은 목성의 위성 중 하나인 유러파 위성(Europa)이 얼음 바다로 덮여 있는 현상과 유사하다. NASA는 오래전부터 유러파 위성에 탐색선을 보내어 두꺼운 얼음 밑에 있는 바닷물에 생명이 존재하는 것을 알아볼 계획을 세우고 있다.

토성의 가장 큰 위성인 타이탄(Titan)은 두꺼운 질소 가스로 덮여 있어 흥미를 끌지만 섭씨 영하 200도에서 생명이 있을 가능성은 거의 없다. 물은 2개의 수소 원자와 1개의 산소 원자로 형성되어 있는데, 산소 원자는 수소의 전자를 끌어당겨 약한 음전기를 띠게 되어 다른 물분자의 수소를 끌어당겨 연약한 수소 결합 즉 극성 공유 결합(polar covalent bond)을 형성한다. 마찬가지로 물은 다른 분자에 있는 수소와 극성 공유 결합을 통해 물, 설탕, 소금 등과 쉽게 결합하게 되며 생명 유지에 필수적인 역할을 한다.

과학자들은 금성과 화성의 표면도 원래 바닷물로 덮여 있었으나 지구보다 작은 화성의 내부에 있던 금속은 굳어져버려 화성을 보호할 자장이 사라졌다. 그 결과 화성의 지표에 있던 물과 공기는 대부분 태양풍에 의해 우주로 날아가 버렸다. 금성의 대기에는 탄산가스가 너무 많아 대기의 온도가 수백 도가 되어 물이 끓어 수증기로 증발했고 대기의 수증기는 태양풍에 의해 우주로 날아가 버렸다고 추측한다.

지구의 대기도 초기에는 탄산가스가 많았으나 산소를 생성하는 생명체가 처음 발견된 것은 오스트레일리아에서 발견된 스트로마톨라이트(Stromatolite) 화석에서였다. 스트로마톨라이트는 얕은 물에서 미생물, 특히 남세균(cyanobacteria)으로 이루어진 미생물막에 의해 퇴적물 알갱이들이 붙잡혀 고정된 여러 층으로 이루어진 생화학적으로 부착된 구조다. 스트로마톨라이트는 35억 년 전에 만들어진 것도 있어 지구상의 생명체가 남긴 화석 중 가장 오래된 것이다.

남세균은 생명의 역사 초기에 등장한 생물로 산소가 없던 초기 지구에 광합성을 통해 산소를 대기에 불어넣었다. 지금이야 주변에 광합성을 하고 산소를 만드는 식물이 많으니까 남세균의 역할이 중요하지 않다. 하지만 남세균은 지구 생명체 중 처음으로 광합성을 통해 산소를 만들어 낸 선구자다. 남세균은 바다 가득 번성하면서 광합성을 통해 바다를 점점 산소로 채우기 시작했다. 바닷속을 가득 채운 산소는 원시 대기로 새어나갔다.

현재 대기 중에 있는 산소의 비율은 20.8%이고 탄산가스는 0.035%이다. 지구의 초기에 있던 많은 탄산가스는 대부분 석회석, 석탄, 석유 등에 갇혀 있게 되었다. 그런데 탄산가스 분자는 적외선(infrared)을 흡수하는 능력이 뛰어나기 때문에 공중에 있는 탄산가스는 지표와 대기의 열이 우주로 달아나는 것을 흡수해서 다시 지구로 방출하는 담요와 같은 역할을 한다.

그러나 21세기 지구의 대기는 환경 오염으로 탄산가스의 양이 지나치게 많아졌으며 그 결과로 대기의 온도는 계속 올라가고 있다. 앞으로 지구 표면의 온도가 조금 더 올라가면 바닷물의 증발이 더 많아져 구름은 더 많은 수증기를 품게 되고 지구는 가뭄과 폭우가 교차하는 재난이 빈발하는 황폐한 곳으로 변하게 된다. 이미 바다가 너무 뜨거워져서 큰 산호초(coral reef)들이 죽어 가고 있다. 지구의 온도가 계속 더 올라가면 물은 대부분 증발해 버리고 금성과 같이 매마른 황야로 변화되어 갈 것이다.

그러므로 창세기 1장 2절에서 성령이 바다 위를 다니고 있었다는 말은 지구의 물을 보호해서 생명들이 살 수 있게 하려는 성령의 계획을 잘 설명하는 매우 과학적인 표현이다. **1장 2절은 성령이 우주를 창조하기 위해 우주의 꼭대기에 오신 것이 아니라 지구의 혼돈함(formless)과 공허(empty)함을 해결하기 위해 이미 존재하였던 지구의 바다 위에 오셨다고 말한다. 1장 3절부터 하나님은 6일 동안 말씀으로 지구의 표면에 있었던 문제들을 하나씩 해결하여 지구에 생명이 존재하도록 역사하셨음을 말하고 있다.**

그러므로 지구는 3절부터 나오는 6일 동안에 있었던 성령의 활동이 시작하기 이전인 1장 1절에서 이미 만들어졌다고 성경은 말한다.

많은 보수 신학교의 교수들과 창조 과학회에 속한 과학자들은 하나님이 태양을 포함한 우주의 모든 별들을 넷째 날에 만드셨다고 주장한다. 상대성 이론에 의하면 물질이 없는 우주는 공간과 시간만 따로 존재하지 않는다.

그러므로 별들이 없었던 처음 3일 동안에는 지구만 있었고 우주는 존재하지도 않았다. 또한 첫째 날에 흑암을 해결하기 위해 온 빛은 어디서 왔는지를 추측하기도 매우 힘들어진다. 또 셋째 날에 만든 풀과 채소와 과목들은 태양의 빛이 없이 어떻게 자랐는지 설명하기도 힘들어진다. 첫 3일 동안 아침과 저녁이 어떻게 순차적으로 왔는지도 상상하기 힘들다. 더구나 태양의 중력으로 1년에 한 번씩 태양 주위를 돌고 있는 지구가 셋째 날까지는 태양이 없이 혼자서 어떠한 궤도를 움직이고 있었는지를 설명하기도 매우 힘들어진다. 아무리 양보하더라도 지혜로운 하나님이 우주의 창조를 이렇게 복잡하게 하셨다는 주장은 받아들이기 힘들다. 이러한 주장은 갈릴레오 재판 때 온 우주가 지구 주위를 매일 한 번씩 돈다고 억지를 부린 교황청의 주장과 비슷한 이야기가 된다.

일부 성경학자들은 창세기 1장이 시적인 문체(poetic style)를 사용했기 때문에 대부분의 히브리 시가 반복법을 사용하였듯이 **첫째 날에서 셋째 날의 사건들이 넷째 날에서 여섯째 날의 사건들로 다시 반복해서 보충 설명되었다고 해석한다. 영어성경(NIV Study Bible)은 창세기 1장 11절의 각주에서 지구의 혼돈함(formless)을 해결하기 위해 첫째 날에서 셋째 날 동안 밤과 낮, 궁창 위의 물과 궁창 밑의 물, 마른 땅과 바다를 나누었고, 지구의 공허함(empty)을 해결하기 위해 첫째 날에서 여섯째 날 사이에는 태양과 달과 별들의 빛이 대기를 통과하게 하고, 물고기와 새와 식물과 짐승과 사람을 만들어 땅과 하늘과 바다에 채워 넣었다고 해석한다**(*NIV Study Bible*, Grand Rapids, MI. Zondervan Corporation: 1985 pp. 6).

하나님은 첫째 날에(3절) 지구의 흑암을 해결하기 위해 빛이 있으라고 말씀하셨다. 대부분의 과학자들은 지구가 형성되기 시작했을 때, 수많은 돌들이 중력에 이끌려 서로 충돌하면서 지구에 많은 열을 발산했을 것으로 추측한다. 이 열은 지표에 있던 많은 물을 끓게 하여 지구의 하늘은 짙은 수증기로 뒤덮였을 것이고 지표는 매우 어두웠을 것이다. 오랜 시간 후에 지표의 온도가 서서히 떨어지면서 뜨거운 수증기도 냉각되어 비로 쏟아지게 되었고 빛이 지구의 대기권을 통과하기 시작했을 것으로 추측할 수 있다.

시편 19편에서 보듯이 히브리어 시들은 반복법을 많이 사용한다. 창세기 1장이 반복적 표현 방법으로 쓰여졌다면 넷째 날은 첫째 날의 보충 설명으로 볼 수 있다. 이 빛의 근원이 낮에는 태양이고 밤에는 달과 별들이며 이것들은 넷째 날에 만들어진 것이 아니라 이미 1절에서 하나님에 의해 만들어져 하늘의 궁창에 배치되었고, 넷째 날은 그들이 하늘에 배치된 목적이 주야를 나누고, 징조(계절)와 사시(4계절)와 일자(24시간)와 연한(365일)을 알려주는 것이라고 말한다. 4계절이 태양 주위를 도는 지구의 자전 축이 23.5도로 기울어진 이유로 생기는 것을 고려하면 4계절이 태양과 지구의 움직임의 관계로 생긴다는 본문의 해설은 매우 과학적이다. 1장 6절(둘째 날)과 14-18절(넷째 날)을 비교 분석해 보면, 6절에서는 하나님이 궁창이 있으라고 직접 명령하지만 14-18절에서는 광명이 있으라고 명령하기보다 이미 만들어진 광명의 여러 가지 역할에 대한 명령이 나온다.

그러므로 하나님이 넷째 날에 광명을 만든 것이 아니라 이미 만들어진 광명의 역할을 넷째 날에 보충 설명하고 있는 것이다. 이러한 해석은 Trinity Evangelical Divinity School의 구약성경과 히브리어 교수인 John H. Sailhamer 박사의 해석을 인용한 것이다(*The Expositor's Bible Commentary*, volume 2, Grand Rapids, MI: Zondervan Publishing House: 1990. pp. 33-34).

마찬가지로 창세기 1장의 다섯째 날(20-23절)은 둘째 날(6-8절)의 보충 설명으로 볼 수 있다. 하나님은 둘째 날에 궁창(하늘)을 만들어 하늘에 있는 물(구름)과 땅 위에 있는 물(강이나 호수나 바다)을 나누셨다. 하나님은 다섯째 날에 하늘에는 종류대로 각종 새를 만드시고 물에는 큰 물고기들과 각종 물고기들과 생물들을 만드셨다. 또 여섯째 날(24-31절)도 셋째 날(9-13절)의 보충 설명으로 볼 수 있다. 하나님은 셋째 날에 땅(지각의 움직임으로 바다에서 올라온 대륙붕, 벧후 3:5 참조)과 바다를 나누시고 땅에는 풀과 채소와 여러 가지 과목을 만드셨다.

하나님은 여섯째 날에 땅에 육축(가축)과 기는 것(파충류나 벌레)과 땅의 짐승(야생 동물)들을 만드시고 마지막으로 인간을 하나님의 형상으로 만드시고 하나님의 창조 세계의 관리자로 임명하셨다. 하나님은 6일간의 창조 활동으로 1장 2절에 나오는 지구의 문제들을 모두 해결하셨다. 이 새로운 성경 해석은 진화론 외에는 현대 과학과 별로 다른 것이 없다.

필자는 진화론의 전문가가 아니다. 생명은 세포핵에 있는 DNA에 모든 유전 정보가 들어 있다고 믿으며 DNA나 그 안에 있는 유전자

(gene)를 구성하는 염기(base) 분자의 배열 순서가 달라지면 생명체의 특성이 달라진다. 진화론은 크게 거시적 진화(Macroscopic Evolution)와 미시적 진화(Microscopic Evolution)로 나누어 진다. 미시적 진화는 잘 보이지 않는 작은 변화를 말하며, 많은 경우에는 현미경과 같은 도구의 도움이 있어야 볼 수 있다. 기독교인들은 미시적 진화는 자주 일어나지만 거시적 진화(종 이상의 변화)는 하나님의 창조의 역사로 이루어진다고 주장하지만 성경에는 거기에 대한 분명한 가르침이 없다.

창세기 1장은 하나님께서 염기 배열 순서의 어디까지 직접 창조하시고 그보다 작은 배열 순서의 변화는 진화에 맡기셨다고 말하지 않는다. 그러나 미시적 진화나 거시적 진화나 모두 유전인자(gene) 내의 염기 배열 순서(base sequence)의 일부가 변하는 것으로 근본적인 변화의 차이는 보이지 않는다. 단지 거시적 변화는 더 많은 염기들의 순서가 바뀌는 것이므로 확률적으로 훨씬 어렵고 더 오래 걸릴 것은 확실하다. 필자가 보기에는 기독교인들이 생물의 어디까지는 진화로 변화할 수 있고 어디까지는 하나님의 창조로만 되었다는 과학자들과의 논쟁에 지나치게 휘말리지 않는 것이 더 바람직하게 보인다.

그러나 성경이 분명하게 말하는 몇 가지 근본적인 문제가 있다. **기독교가 물러설 수 없는 두 문제(two issues)는 '처음 생명이 어떻게**

생겼나'(Did life forms evolve from nonliving chemicals? or Controversy on the origin of life)**와 '인간이 다른 생명체들과 근본적으로 다른 것이 무엇인가'**(Did humans evolve from other life forms?)**라는 질문이다.** 성경은 하나님이 식물과 물고기와 동물들 즉 생물들을 만드셨다고 말하지만 창세기 1장 26절에서 인간은 동물들과 다르게 하나님의 형상을 닮게 특별하게 만드셨다고 말한다.

창세기 2장 7절을 보면 "하나님이 흙으로 사람을 지으시고 생기를 그 코에 불어 넣으시니 사람이 생령이 된지라"라고 말한다. 사람의 육체는 화학적으로 분석해 보면 모두 지구에 있는 분자들로 구성되어 있다. 그러나 사람의 두뇌는 동물들의 두뇌보다 훨씬 뛰어나다. 생물학자들은 유인원과에 속하는 원숭이인 침팬지(Chimpanzee)의 DNA와 사람의 DNA는 약 2%가 다르다고 한다. 진화론자들은 침팬지와 사람이 약 8백만 년 전에 서로 다른 종(genus)으로 분리되었다고 추정한다. 과학자들이 침팬지에게 언어를 가르치려고 시도했으나 실패했지만 침팬지는 간단한 도구를 사용하고 아주 초보적인 문화 활동(학습이나 가르침)을 하는 것으로 알려져 있다.

성경은 하나님이 사람을 만들어 그 코에 생기를 불어 넣으셨다고 말한다. 이 말은 하나님이 인공호흡을 하듯이 사람의 코에 바람을 흡입하여 사람이 살아났다는 말은 아닌 것 같다. 예수님이 마귀에게 시험을 받으셨을 때 사람은 떡으로만 살 수 없고 하나님의 말씀도 먹어야 산다고 말씀하셨다(마 4:4). 즉 사람의 육체는 떡으로 살지만 하나님이 인간에게 불어 넣으신 영은 하나님의 말씀을 깨닫고 믿어야 살 수 있다는 말이다. 사도 바울은 고린도전서 2장 13-14절에서 "우리가 말하는 것은 사람의 지혜의 가르친 말로 아니하고 오직 성령께서 가르치신 것으로 하니" 영적 진리는(영적인 사람들에게) 영적인 말로 표현한다(*NIV Study Bible*. Grand Rapids, MI: Zondervan Corporation: 1985 2:13 각주 참조).

영이 없는 "육체에 속한 사람은 하나님의 성령의 일을 받지 아니하나니 저희에게는 미련하게 보임이요, 또 깨닫지도 못하나니 이런 일은 영적으로라야 분변함이니라"라고 말했다. 즉 성령은 영적 진리를 영적인 사람들, 즉 영안이 열린 사람에게만 가르친다는 말이다. 성경은 인간이 죄를 지은 후 그 영이 죽어 하나님과의 관계가 끊어졌는데(엡 2:1), 하나님이 보내신 구세주 예수님을 믿어 죄 사함을 받으면 성령이 마음속에 들어와 영이 살고 영안이 떠져 하나님의 진리를 깨닫게 되고 진리를 따라 살게 된다고 가르친다.

즉 **인간은 동물과 다르게 영을 가지고 궁극적인 질문을 하면서 살고 있다. 내가 왜 살아야 하는가(삶의 목적), 내가 양심을 어기고 잘못할 때 생기는 죄책감은 어떻게 해결할 수 있는가(선과 악의 판단), 내가 죽으면 어떻게 되는가(인과 응보) 등 삶의 궁극적인 과제에 대한 해답을 찾는다.** 만약에 인간에 내재하는 영을 빼버리면 인간은 궁극적인 질문에 관심 없는 하나의 기계나 로보트와 경쟁하는 존재로 추락할 것이다. 앞으로 영이 없지만 인간의 지능을 능가하는 초지능(super intellegent)을 가진 인공 지능(artificial intelligence)이 사람들의 역할을 대치하게 될 때 인간 사회의 윤리 원칙과 인간의 존엄성에 대한 새로운 토론이 일어날 것이다.

초기의 진화론은 생물의 진화설 외에도 우주의 진화설도 포함되었다. 즉 우주도 뜨거운 기체들이 모여서 별과 혹성들이 되고 점점 더 확장되어서 지금의 우주가 되었다는 가설이 있었다. 그러나 물리학자들이 말하는 대폭발(the Big Bang explosion)에 의해 우주가 갑자기 생겼다는 이론은 이러한 가설들과 근본적으로 다르다. 대폭발 이론은 이미 알려진 물리 이론들(양자역학과 상대성 이론)의 원리를 따라서 우주와 별이 생성된 과정을 설명하지만 옛날의 우주 생성 가설은 우주의 생성 과정을 우연이나 모르는 것으로 돌리고 있다.

영국의 생물학자였던 다윈(Charles Darwin)은 1850년대에 생물의 변화는 우연히 일어나는 돌연변이(mutation by chance)에 의해 생물의 종들이 아메바에서 오랫동안 점점 변화되었고, 자연 도태나 자연 선택 즉 생존경쟁(natural selection or survival of fittest)을 통해 환경에 점점 더 잘 적응하는 우성 인자로 발전하다가 인간이 나왔다는 생물의 진화론을 그의 책 《종의 기원》(the Origin of Species)에서 발표하였다.

다윈은 종의 변화를 일으키는 돌연변이는 근본적으로 우연히(by chance) 일어난다고 주장하였다. 생물의 정의는 스스로 효소(영양분과 찌꺼기를 분해하는 촉매)를 이용해 핵산에 전사, 번역 등의 조작을 할 수 있어야 한다. 언론사들은 여러 번 생화학자나 생물학자들이 생명이 없는 화학 분자들을 합성해서 DNA와 단백질을 만드는 리보솜을 가진 원핵생물의 합성에 가까이 왔다고 발표했지만 아직까지 아무도 초보적인 생물의 합성조차 이루었다고 보고한 사실은 없다.

20세기에는 멘델(Gregor Mendel)이 발견한 유전 법칙으로 유전자들이 후세에 전달되는 과정을 알아내었다. 이 유전법칙이 다윈의 이론과 합해져 생물의 진화론이 만들어졌다. 멘델은 각 생명체에는 유전인자가 있어서 종의 특성을 물려준다고 말하여 현대 DNA 이론과 유사한 이론을 제안하였다.

진화론에 대한 과학적 증거가 확실한지에 대한 많은 논쟁이 있어온 것은 사실이다. 종이 바뀌는 과도기의 화석 증거물들(transitional fossil records)이 충분하지 않은 것은 오랫동안 논쟁거리로 남아 있다. 화석들을 분석해 보면, 오랜 기간 조금씩 변화하는 화석보다 오랜 기간 변화가 없다가(stasis) 짧은 기간(1만 년 이내)에 큰 변화가 일어난 경우가 많은 것을 볼 수 있다.

1972년에 엘드레지(Niles Eldredge)와 굴즈(Stephen Jay Goulds)는 〈단속 평형 이론〉(punctuate equilibrium)이라는 논문을 발표하였다. 최근의 화석의 통계에 의하면 stasis(변화 없음)의 경우는 71%로, 단속 평형 이론의 경우는 63%로 나와 있다(de Brito Neto, et al. Academia Journal of Scientific Research. Doi:10. 15413/ajsr. 2017.0413. ISSN 2315-7712.

Erwin, D. H. et al. New Approaches to Speciation in the Fossil Record. NY: Columbia University Press. pp. 11-39). 단속 평형 이론은 하나님이 새로운 종들을 가끔 필요에 따라 창조하셨다고 해석하면 창조론과 유사한 이론으로 보인다.

1952년에 시카고대학의 연구가들이었던 밀러(Stanley L. Miller)와 우레이(Harold Urey)는 지구 초기(prebiotic Earth)의 공기 요소들 즉 메탄, 암모니아, 수소, 물을 실험관에 넣고 번개를 흉내내어 전기 방전을 계속한 후 50여 년이 지난 2007년에 실험관 안에 20가지의 암모니아가 있는 것을 발견하였다(Adam Rutherford. *The Spark of Life*. On BBC Four. 26 August 2009. Archived TV Documentary). 메탄과 산소는 포름알데히드(CH_2O)를 만들고 포름알데히드는 리보스(Ribose, 설탕)로 변화될 수 있다. 리보스는 RNA의 기본 단위인 리보뉴클레오티드(Ribonucleotide)를 구성하는 한 성분이다. 이 리보스가 4가지의 염기 즉 아데닌(Adenine, A), 구아닌(Guanine, G), 시토신(Cytosine, C)과 우라실(Uracil, U) 중의 하나와 또 인산염(Phosphate Group)과 결합해 하나의 리보뉴클레오티드로 만들어지며, 30억 개의 리보뉴클레오티드들이 연결되어 하나의 RNA가 만들어진다. 그러나 밀러(Miller)의 실험관에서는 더 이상의 다른 유기물질(아미노산)이 합성된 것은 발견되지 않았다.

헝가리 출신 물리학자이며 노벨상 수상자인 위그너(Eugene

Wigner)가 이미 발표했듯이 복잡한 세포의 RNA, DNA, 단백질 등이 저절로(by chance) 합성되는 것은 **조합 문제(combinatorial issue)** 때문에 불가능해 보인다.

간단한 예를 통해서 조합 문제가 얼마나 힘든 문제인가를 알아보자. 보통 주사위는 6개의 숫자가 적혀 있지만 RNA의 구성을 흉내내기 위해서 4개의 숫자가 4개의 면에 있는 피라밋 같은 주사위를 가지고 game을 해보자. 이 game은 주사위를 연속적으로 던져 20개의 숫자가 **미리 정해진 순서대로 나오면** 이기는 것이다. 중간에 한 숫자라도 순서가 틀리면 처음부터 다시 주사위 던지기를 시작해야 한다.

확률 계산에 의하면 주사위를 던져 20개의 숫자를 연속적으로 맞추려면 4^{20}=1,000,000,000,000(1조) 번을 던져야 한다. 만일 내가 매일 잠을 안 자고 식사도 하지 않고 1초에 한 번씩 주사위만 던져서 1조 번을 던지려면 31,710년이 걸린다! 인간의 RNA 하나에는 A, G, C, U 염기들이 30억 개가 지정된 순서대로 연결되어 있다. 확률 계산을 대충 간단하게 하기 위해서 4가지 염기들이 각자 리보스와 결합하는 확률이 모두 같다고 가정하자. 4가지 염기 중에 미리 정해진 순서대로 염기가 연결되는 확률은 1/4이다. 30억 개의 염기들이 인간 RNA 내의 순서대로 나열되는 확률은$(1/4)^{3,000,000,000}=10^{-2,000,000,00}0$이다! 참고로 훨씬 작은 숫자인 10^{-100}=1/(백억×백억×백억×백억×백억×백억×백억×백억×백억×백억)이다.

이런 천문학적 숫자의 확률이 저절로 이루어지는 것은 전혀 불가능하다. 더군다나 A, G, C, U 염기 중의 하나가 연결된 리보뉴클리오티드가 7.5억 개 이상씩 모두 모여 있는 확률도 매우 작을 것이다. 이 확률들을 모두 곱하면 인간의 RNA가 저절로 생기는 것은 확률적으로 전혀 불가능하다는 것을 알게 된다. 더구나 단백질(protein)은 3차원으로 복잡하게 접혀서 형성되어 있기 때문에 단백질이 저절로 형성되는 확률은 RNA의 형성 확률보다 더 작다.

단백질에는 보통 수백 개에서 수만 개의 아미노산이 결합되어 있다. 인체에 있는 아미노산은 20가지가 있다. 액스(Douglass Axe)의 계산에 의하면, 매우 짧은 단지 150개의 아미노산으로 어떤 기능이든 가진 단백질로 저절로 형성되는 확률은 10^{-164} 이다! 이 확률은 펩타이드 결합만으로 이루어진 단백질이 되는 확률, 10^{-45}과 왼편(left handed isomers, 오른편의 아미노산은 왼편의 아미노산의 거울에 비친 모양)의 아미노산만으로 이루어지는 확률, 10^{-45}과 20가지의 아미노산들의 순서가 제대로 되는 확률, 10^{-74}(이 확률은 실험으로 측정되었음)을 모두 곱해서 10^{-164}이 된다(Stephen Meyer. *Signature in the Cell*, NY. NY. Harper Collins: 2009. pp. 204-214 and Douglas Axe. *Estimating the Prevalence of Protein Sequences Adopting Functional Enzyme Folds*, Journal of Molecular Biology. 341. 2004. 1295-315).

과학자들의 말에 의하면 이 우주를 아미노산으로 가득 채우고 수백억 년을 기다려도 단백질이 저절로 생기는 것은 가능하지 않다고 한다.

진화론자들은 생명이 없는 화학물질들이 저절로 모여서 생명체가 형성되려면 단백질보다 RNA가 가능성이 높고, 복잡한 생명체의 RNA보다 지구 역사의 초기에 있었던 염기 수가 적은 간단한 생명체의 RNA를 만드는 것이 성공할 가능성이 훨씬 높다고 본다. 과학자들은 간단한 효소 단백질의 역할도 할 수 있는 리보뉴클레오티드(Ribonucleotide, ribose suger in nucleotide)로 이루어진 초기 생명체의 RNA를 만들기 위해 연구하고 있다(Gaspar Banfalvi. DNA and Cell Biology vol.39, No.2, 2019 pp. 73-88).

그러나 리보스(ribose)가 쉽게 분해되어 인산기(phosphate group)와 리보스 설탕(ribose sugar)과 4가지의 염기들(adenine, guanine, cytosine, uracil)을 차례로 연결하는 것은 제대로 되지 않아, 이들의 원료가 되는 시나이드(Cynide), 아세틸렌(Acetylene)과 포름알데히드(Formaldehyde)들을 인산과 섞어 2-아미노옥사졸(2-amino-oxazole, sugar with nucleobase)을 만들어 자외선에 쏘여서 C염기와 U염기가 붙은 뉴클레오티드(nucleotide)를 만들어내었다. 그러나 A염기와 G염기가 붙은 nucleotide를 만들었다는 이야기는 아직 들어보지 못했다.

자기 자신을 복사할 수 있는 리보자임(Ribozyme, 몇 가지 효소 역할을 하는 RNA)은 과학자들(Natasha Paul and Gerald F. Joyce)이 2002년에 만드는 데 성공하였다. 리보자임은 DNA와 메신저 RNA(mRNA, 유전정보를 복사)와 리보소멀 RNA(ribosomal RNA, rRNA, 아미노산들을 유전정보 순서대로 나열함)와 transfer RNA(tRNA, mRNA의 정보대로 아미노산을 순서대로 연결함)의 역할 즉 전사(transcription)과 번역(translation)의 역할을 모두 해내었다(Natasha Paul and Gerald F. Joyce. *A self-replicating ligase ribozyme*, Proc Natl Acad Sci U S A. 2002 Oct 1; 99(20): 12733−12740).

저자가 매우 복잡한 연구 과정의 일부를 소개하는 것은 과학자들이 오랜 시간을 걸려 연구해도 가장 초보적이고 간단한 생물의 RNA를 만드는 데 필요한 모든 과정의 일부만 만들었다는 현실을 알고, 과학자들의 도움도 없이 사방에 흩어진 무수한 화학물질들이 우연히 한 장소에, 같은 시간에 모여 생식까지 할 수 있는 RNA(DNA)와 여러 가지 복잡한 역할을 하는 단백질들도 형성해서 초기 생명체가 저절로 형성되고 다윈의 진화 과정을 따라 수많은 돌연변이가 일어나 사람과 같은 고등 생물이 운이 좋게 나타났다는 것을 믿으려면 매우 특별한 믿음이 필요할 것 같다!

인간의 지적, 인격적, 육체적, 사회적, 도덕적, 영적 활동들을 보면 인간은 동물들과 확연하게 다르다. 주전 4세기의 헬라 철학자 아리스토텔레스(Aristotle)는 동물도 혼이 있으므로 욕망을 갖는다고 말하였다. 그러나 인간의 혼에는 동물의 혼과 근본적으로 다르게 이성(reason)이 있다고 그는 주장하였다. 인간의 이성은 언어, 인식, 지식, 감정, 감각, 의지 등의 여러 활동에서 얻은 여러 가지 정보들을 배우고 이미 가진 지식과 비교 검토해서 새로운 개념을 확립하는 데 중요한 역할을 한다.

이성은 특히 논리적으로 생각하고 평가하는 능력이 탁월하다. 이성은 논리, 연역법, 귀납법을 활용하여 새로 얻은 지식이나 과거에 가지고 있던 지식이 이성의 논리에 맞는지를 점검하는 중요한 역할을 한다. 이성의 역할이 강조되는 학문 분야는 수학, 과학, 법학, 경제학, 정치학 등이 있다. 인간의 두뇌는 사고력, 특히 이성을 활용하는 능력에 있어서 어떤 동물보다 탁월하다. 두뇌의 대뇌 피질(cerebral cortex)은 두뇌 무게의 반을 차지하며 언어, 기억력, 사고, 지능, 문제 해결, 학습, 감정, 성격, 몸의 행동, 감각과 의식(consciousness) 등의 일을 관장한다.

또한 인간의 두뇌는 시력, 청각, 접촉, 호흡, 온도, 여러 가지 호르몬들의 조절 등도 담당한다. 골수(medulla)는 생존에 중요한 심장 박자, 호흡, 피의 흐름, 산소와 탄산가스의 양을 조절하고, 음식 삼키기, 기침, 구토 등의 몸의 반사 활동들을 관리한다. 사람의 유전인자와 가장 흡사한 침팬지의 유전인자는 사람과 2%가 다르다. 진화론자들은 이 차이가 별로 다르지 않다고 말하지만 인간의 DNA에 있는 30억 개의 염기 서열 중에 2%가 다르다는 말은 침팬지의 DNA에 있는 30억 개의 염기 서열 중에 6천만 개의 염기 서열이 돌연변이에 의해 인간의 염기 서열 순서로 바뀌었다는 말이다!

돌연변이는 신 외에는 그 누구도 그 결과를 조절할 수 없다. 6천만 개의 염기 서열이 인간의 서열로 바뀌는 동안에 나머지 29억 4천만 개의 염기 서열이나 염기의 분자 구조는 바뀌면 안 된다. 이 29억 4천만 개의 염기들이 돌연변이로 바뀌면 암을 포함해서 여러 가지 질병들이 생긴다. 그러나 6천만 개의 염기 서열과 29억 4천만 개의 염기 서열 중 어느 집단이 더 많은 돌연변이를 일으킬 확률이 높은가는 상식적으로 알 수 있다. 즉 29억 6천만 개의 염기 중에서 염기 서열이 바뀔 확률이 훨씬 높은 것은 아무도 부인할 수 없다. 저자는 과학자들이 침팬지가 인간으로 저절로 변했다고 자신 있게 주장하기는 힘들 것이라고 생각한다.

인간의 두뇌는 침팬지의 두뇌보다 3배나 더 크다고 한다. 지능 발달에 핵심적인 역할을 하는 대뇌 피질(cerebral cortex)에도 큰 차이가 있다. 인간의 대뇌 피질 안에는 침팬지의 것보다 2배나 더 많은 천억 개의 신경세포가 있으며 두뇌 무게의 80%를 차지한다.

반면에 동물은 자신과 새끼들의 생존을 위해서 본능적으로 행동한다. 이들은 이성적인 능력을 사용해서 자기에게 닥쳐온 상황을 차원 높게 분석하고 판단하려고 하지 않는다. 동물은 음식 구하기, 위험으로부터의 보호, 가족의 번식 등을 위해서는 목숨이 위험한 상황이 아니면 결사적으로 덤벼들려고 한다.

필자는 애완용 동물들을 좋아해서 옛날에는 개를 키웠고 개가 죽은 후에는 길고양이를 입양해 키우고 있다. 애완 동물들은 감성이 특히 잘 발달해서 사람들의 생활에 쉽게 적응해 사람들과 친하게 산다. 개와 고양이의 특성을 비교해 보니까 개들은 본래 알파독(Alpha Dog)에게 복종하는 사회생활을 해 왔다는 이론에 의하면 개는 주인의 말을 잘 듣고 주인의 사랑을 얻기 위해 충성하는 경향이 강한 것 같다.

그러나 고양이는 사회생활을 하기보다 각자의 독립된 시간을 가지기를 선호하는 것 같다. 동물들에게 각자의 개성이 있는 것은 확실한 것 같지만 동물들의 행동을 유심히 지켜보아도 부모나 친했던 동류들과 어울렸던 사회생활에 대한 그리움 같은 행동은 찾아보기는 힘들다. 그들은 생존을 위협하는 대상에게 두려움을 느끼고 자기를 돌보아 주는 대상에게는 사랑을 느낀다.

그러나 삶의 어려움 때문에 삶에 대한 회의를 느끼거나 죽음 후의 세계에 대한 고민을 하는 등의 차원 높은 사고를 하는 모습은 전혀 보여주지 않는다.

동물들이 자아 의식(self awareness or self consciousness)을 가지는가에 대한 연구가 100년 이상 이루어진 것으로 알고 있다. 동물의 자아 의식은 주로 거울 검사로 한다. 동물을 마취시키고 그 몸에 색깔을 칠한 후에 동물이 의식이 깨어난 후 거울에 있는 자기 모습을 보고 색깔이 칠해진 몸의 주위를 만지면 자기 의식이 있다고 인정한다. 10가지 정도의 동물들이 거울 검사를 통과하였다. 그러나 거울 검사로 동물의 자아 의식을 판단하는 것에 대한 반론도 있다(Asendorpf,

J. B.; Warkentin, V.; Baudonniere, P.-M. *Self-Awareness and Other Awareness II: Mirror Self-Recognition, Social Contingency Awareness, and Synchronic Imitation*, Developmental Psychology. 32(2), 1996. pp. 313-321).

조금 더 어려운 검사는 다른 사람이나 동물이 자신의 행동에 대해서 어떻게 생각하는지에 대해 생각하거나 고민하는 행동을 보이는 경우다. 저자는 동물들이 이러한 차원의 의식을 가지고 있다는 연구 보고서를 본 적은 없다. 2012년에 신경 과학자들이 모여 동물들의 의식에 대해 케임브리지 선언(the Cambridge Declaration on Consciousness)에 서명하였다(Low, Philip et al. The Cambridge Declaration on Consciousness Publicly proclaimed in Cambridge, UK, on 7 July 2012, at the Francis Crick Memorial Conference on Consciousness in Human and non-Human Animal).

그 선언문은 의식을 가지게 하는 신경 조직은 인간만 가진 것이 아니고 포유 동물들이나 조류들이나 문어들도 그러한 신경 조직을 가지고 있다고 주장한다. 그러나 동물들은 학대를 당해도 자신의 권리를 주장할 수 없으므로 이러한 움직임은 동물들의 권리를 주장하기보다는 동물들의 학대를 막아 보겠다는 의도에서 나온 것으로 보인다. 2004년에 8명의 신경 과학자들이 모여 동물들의 자아의식에 대해 성급한 판단을 한 것에 대한 사과문도 발표하였다. 자아의식은 주관성(subjectivity, 자기의 관점으로 생각함), 의식, 인식, 감각성(sentience, 감정이나 감각을 느끼는 능력), 자아에 대한 느낌, 마음을 조절하는 체계 등으로 정의되지만 아직 정확하게 정의하기에는 너무 이르다는 것이 이들의 공통된 의견이다.

인간에 의한 동물학대는 오랫동안 보고되었다. 개들이나 닭들에게 싸움을 붙이고 돈내기를 하는 잔인한 게임은 그 역사가 매우 오래되었다. 가정 폭력을 하는 사람들의 88%가 동물들을 학대한다는 통계도 있다. 최근에는 인구가 폭발적으로 증가하므로 수많은 대도시들이 생겨나 동물들의 생태계를 교란시키고 있다. 또한 농경지들의 확대로 동물들이 그들의 생태계에서 쫓겨나고 있는 것이 현실이다. 인간들이 노숙자가 되는 것도 큰 문제이지만 기후 온난화로 동물들이나 다른 생물들이 지금 사는 곳에서 쫓겨나서 멸종되는 것도 심각한 문제다.

동물들이 자신들의 주장이나 권리를 요구한다는 이야기는 들은 적도 없고 동물들은 노동조합과 같이 조직을 만들거나 벌과 같이 단체 행동을 할 줄도 모른다. 그러므로 동물들의 생존권은 알게 모르게 인간들에게 짓밟히고 있다. 저자는 진화론자들이 무슨 근거로 가축을 잡아먹는 데 동의하는지 의아해질 때가 있다. 만약에 원숭이가 인간의 조상이면 다른 동물들도 인간의 친척이 되는 것이 아닌가? 인간 사이에서는 인종 차별이나 인종 학살을 중범죄로 다루면서 동물들은 대규모로 인간의 식사용으로 목축해도 아무런 감정을 느끼지 않는 것이 옳은 것인지 모르겠다.

닭들은 평생 감옥소에 갇혀 계란 낳는 기계 역할을 하고 있고 엄청난 양의 젖을 내는 젖소들은 인간을 위해 매일 엄청난 젖을 짜내어야 한다. 소고기 1kg을 얻기 위해서 곡식 6kg을 가축에게 먹여야 한다고 한다. 더구나 가축들의 트림과 방귀가 뿜어내는 메탄가스는 탄산가스보다 30배나 더 온난화에 기여한다고 한다. 목축 사업이 지구 온난화(global warming)에 6% 정도 기여한다는 통계도 발표되었다. 동물의 고기를 많이 먹어 건강에 문제가 생긴 사람들도 많이 있다. 특히 서구 사람들은 동물의 고기를 지나치게 많이 먹어 심혈관계통의 질병을 앓는 사람이 매우 많다.

인간과 동물의 가장 큰 차이점은 도덕성과 인격성과 영성에 있다. 동물에게는 공평해야 한다는 개념은 있지만 잘못한 것에 대한 죄책감이 있는지에 대한 의견들은 여러 가지가 있다. 2009년에 발표된 행동 과정 학술지(The Journal Behavioural Processes)의 연구 기사를 보면 개가 주인의 말을 듣지 않고 햄버거를 삼킨 후 주인에게 들켜 머리를 숙이고 얼굴을 찡그리는 모습(guilty look, 죄책감의 표정)에 대한 해석이 나온다. 그러나 어떤 개들은 햄버거를 먹지 않았어도 주인이 화가 나서 외치는 소리에 그러한 표정을 짓는다. 이것은 개가 자기가 잘못한 것에 대한 죄책감보다 주인의 분노의 표정을 보고 거기에 맞추어 자기가 생각한 적절한 행동을 취했을 뿐이라고 연구 기사는 분석했다. 동물들은 양심의 뉘우침으로 그런 행동을 한 것이 아니라 주인과의 관계를 제대로 유지하기 위해 요구되는 행동, 즉 주인의 분노를 피하기 위해 필요한 행동을 무의식적으로 하고 있었던 것이다(social homeostasis, 사회적 관계를 유지하기 위한 본능적인 능력).

사람이 가진 인격의 특징을 지성, 감성, 의지로 표현한다. 각 사람은 자신의 삶을 만족스럽게 살아가기 위해서 자기가 사는 이유와 목적, 삶에 필요한 정의로운 처세술, 감정을 아름답게 느끼고 나누는 능력, 서로 믿고 실천하는 도덕관과 가치관 등이 있어야 한다. 그러기 위해서는 다른 사람과 마음을 열고 대화하는 관계가 중요하다. 유대인 철학자 부버(Martin Buber)는 인간 관계가 '나와 그것의 관계'(I-It Relationship)에서 '나와 당신의 관계'(I-Thou Relationship)로 변해야 한다고 주장하였다.

'당신'이라는 말은 상대방의 인격을 매우 존중하는 말이다. 한국 사람들은 '쟁이'라는 말을 잘 쓴다. 편지쟁이, 땜쟁이 등의 말은 상대방을 인격체로 보지 않고 하나의 도구로 보고 부르는 말이다. 저자는 미국에 와서 놀란 것 중 하나가 슈퍼 마켓에서 돈 계산하는 사람들에게 인사하고 그들과 짧은 대화하기를 즐겨하는 사람들을 자주 보게 되는 것이다. 그 일하는 사람들은 돈 계산하는 기계가 아니라 지정의를 가진 인격체인 것을 깊이 느끼게 되었다.

창세기 1장을 보면 하나님이 계속 명령을 하면서 그의 창조 활동을 펼쳐 나가신다. 그러나 그가 인간을 창조하신 때에는 갑자기 말이 대화체로 바뀐다. 창세기 1장 26절은 하나님의 대화를 기록하고 있다. "하나님이 가라사대 우리의 형상을 따라 우리의 모양대로 우리가 사람을 만들고 그로 바다의 고기와 공중의 새와 육축과 온 땅과 땅에 기는 모든 것을 다스리게 하자 하시고"라고 제안을 하신다. 여기에서 '우리'라는 말은 성부, 성자, 성령을 가리킨다고 해석한다. 인간은 매우 고귀하니까, 결국 성자가 자신의 생명을 바쳐 섬겨야 할 존재이니까, 하나님이 3위 간에 대화의 형식을 쓰신 것 같은 느낌을 준다.

그런데 하나님이 왜 인간을 그의 모습으로 창조하셨는가? 인간과 인격적인 관계를 가지기 위해서 인간을 하나님의 모습으로 고귀하게 창조하신 것이다. 인간이 하나님의 뜻을 잘 이해하고 그의 사랑을 마음 가득히 느끼며 하나님과 사랑을 나누게 되고 하나님의 고귀한 뜻을 위해서 자기를 희생할 수 있는 의지도 소유하기를 원하신 것이다. **인간이 인격성을 소유한 것은 인간과 동물이 근원적으로 다른 것을 잘 보여준다.**

동물들도 희생적 사랑을 표현하는가에 대한 의견들도 여러 가지로 나누어진다. 동물들 중에는 특히 코끼리가 자신을 희생하면서까지 다른 불구가 된 동물이나 상처 입은 동물을 도우려고 하는 경우가 가끔 있지만 일반적으로는 자신이 위험에 빠지기까지 하면서 다른 동물들을 도우려고 하지는 않는다. 즉 동물들에게는 동정심은 있지만 희생적인 사랑은 없는 것처럼 보인다. 그러나 동물들에게 희생적인 사랑이 전혀 없다고 결론을 내리기보다는 동물에게는 죽음의 공포가 너무 크기 때문에 희생적인 사랑을 표현할 용기가 부족한 것처럼 보인다.

예수님은 십자가에서 자신의 몸을 희생하면서 인간이 받아야 할 죄의 심판을 대신 받으셨다. 예수님도 하나님의 사랑에서 버림받는 두려움을 강하게 느끼셨지만 예수님은 전능자 하나님 아버지를 향한 온전한 신뢰로 그의 두려움을 극복하신 것 같다.

예수님이 겟세마네에서 하신 기도는 예수님의 마음의 갈등을 잘 표현하고 있다. 예수님은 "아바 아버지여 아버지께는 모든 것이 가능하오니 이(심판의) 잔을 내게서 옮기시옵소서 그러나 나의 원대로 마옵시고 아버지의 원대로 하옵소서"(막 14:36)라고 기도하셨다. 그러나 동물들에게는 신에 대한 개념이 없고 그가 어떤 난관도 해결할 수 있다는 신에 대한 믿음도 없다. 즉 동물에게는 영성이 없다. 그러므로 동물들은 죽음을 숙명으로 받아들이고, 부활과 영생으로 죽음을 극복할 수 있게 하는 신이 있다는 생각은 전혀 할 수 없다.

제2장

서양 철학 이야기

지구가 혼돈하고 공허하며 흑암이 깊음 위에 있고
하나님의 신은 수면에 운행하시니라 (창세기 1장 2절)

제2장

헬라 철학은 플라톤(Plato)과 아리스토텔레스(Aristotle)에게서 완성되었다. 이들이 나오기 100년 전에 두 철학자의 논쟁이 있었다. 헤라클레이토스(Heraclitus)는 세상의 모든 것은 항상 변한다고 주장하였다. 그가 어느 날 근처에 흐르는 강에 가 보니 그 모습이 작년에 본 모습과 다르게 보였다. 무엇이 다르게 보였는지는 알 수 없지만, 비가 최근에 왔던지 온도가 모든 경우에도 적용되는 온도가 올라갔던지 짐승들이나 사람들이 다녀간 빈도가 달라졌다면 강이 다르게 보일 수도 있었을 것이다.

헤라클레이토스는 강의 달라진 모습을 보고 심오한 깨달음을 얻었다고 한다. 세상의 모든 것의 배후에 있으면서 모든 것을 지도하고 관리하는 신성한 말씀(Divine Logos, 로고스) 외에는 세상의 모든 것은 항상 변한다는 것이다. 오직 불변의 로고스(헬라 세계의 최고신 제우스(Zeus)와 동일한 존재)는 변하지 않고 세상 만물을 하나로 합쳐 나간다고 주장하였다. 강의 모습이 변하는 것을 보고 세상 모든 것이 변한다는 결론을 내린 헤라클레이토스의 주장은 황당하기 짝이 없다. **철학의 최대 약점은 모든 경우에도 적용되는 확실한 증거를 가진 이론(토대, foundation)이 없이 성급하게 결론을 내린다는 것이다.**

그 당시 파르메니데스(Parmenides)는 신속하게 헤라클레이토스의 주장을 반박하였다. 그는 이 세상은 사실(real)이 아니라서 변하지만 **영원히 불변하는 실체(reality)**가 따로 있다고 주장하였다. 그는 지구가 둥근 것이나 달이 빛을 반사하는 사실은 변하지 않는 과학적인 사실이라고 설파하였다. 약 2천2백 년 후 프랑스의 철학자 데카르트(Rene Descartes)는 논리적인 **인간의 이성만이 무엇이 진리인지를 판단할 수 있다고 주장**했고, 영국의 철학가 흄(David Hume)과 그의 주장을 따른 철학가들은 **인간의 경험만이 확실한 지식을 제공한다**고 주장하였다.

대부분의 사람들은 서양 철학이 플라톤에게서 나왔다는 주장에 동의한다. 플라톤은 주전 5세기에 헬라 문화권에 속한 아테네에서 태어났다. 그 당시 철학자들은 어떤 인식의 대상(object)의 성질(property)이 그 대상에게만 있는 특별하고(particular) 고유한 것인지, 다른 대상들에도 그 같은 성질이 공통적으로 있는 보편적인

(universal) 것인지에 대한 논쟁이 있었다.

한 예로 사람은 사과라고 하면 금방 그 사과의 모양과 맛 등을 머리에 떠올린다. 설령 그 사과가 대부분 썩었더라도 그것이 사과인 것을 금방 알아차린다. 그러나 컴퓨터 안에 내장된 패턴 인식(pattern recognition)의 능력은 사람보다 훨씬 떨어진다. 사과가 조금만 둥글지 않거나 일부분이 썩었으면 컴퓨터는 그것이 사과라고 제대로 알아보지 못한다. 노란 사과와 노란 바나나의 노란 색깔은 사과나 바나나를 떠나서도 공통적으로 존재한다. 사람들은 인식의 대상 안에 사람들의 마음의 생각이나 말을 벗어나서도 존재하는 보편성(universality)이 있는가에 대한 의문을 가지고 있었다. **플라톤은 감각으로 알아보는 현상계(phenomenal world)와는 다른 보편성으로만 구성된 세계가 따로 있다고 주장하였다.**

플라톤은 그 보편성을 형태(form, idea)라고 불렀다. 플라톤은 인간들이 가진 참된 지식은 영원 불변하고 보편적이어야 한다고 믿었다. 그는 감각으로 파악하는 물질 세계는 그림자와 같이 불완전하고 오래가지 않지만 **생각(이성)으로 얻어지는 참된 지식 즉 관념(idea)은 완전하고 영원하므로 idea(형태)가 사물의 실체(reality)이며 본질(essence)이라고 주장하였다.**

플라톤의 주장에 의하면 우리 주위에 있는 모든 사물들은 idea의 모조품(copy)에 불과하기 때문에 책상이나 걸상이나 집 같은 것들은 오래가지 않아 부패해지고 못쓰게 되어 버려지게 된다는 것이다. 그는 사람은 육신이 있기 전에 혼이 먼저 하늘에 있어서 하늘에 있는 형태들을 알고 있었다고 주장하였다. 그는 물질의 세상은 불완전하고 오래가지 못하므로 실제(real) 세상이 아니고 idea로 형성된 세상이 영적 세상이고 영원 불변한 실제 세상이라고 주장하였다.

그 당시에는 궤변가(sophist)들이 토론에서 이기도록 온갖 말의 기술 즉 수사학(rhetoric)을 가르쳐 돈을 벌고 있었다. 궤변가들이 사용한 말재주 때문에 헬라 사회에는 회의론(skepticism)과 상대주의(relativism) 사상이 휩쓸고 있었다. 플라톤은 이러한 풍조에 대항하여 객관성이 있고 영원 불변한 진리가 있다고 확신하였으며 이 실체(reality)를 idea(형태)라고 불렀다.

플라톤은 그의 주장을 동굴의 우화(allegory of the cave)로 설명하였다. 죄수들이 밧줄에 묶여 동굴의 벽에 비치는 그림자들만 보고 살고 있었다. 이들은 그들의 동굴 밖에 있는 모닥불을 볼 수 없었고 동굴 밖을 걸어가는 물체들의 그림자들이 벽에 비추어진 모습만 보고 살았다. 하루는 이들에게도 자유가 허락되어 이들은 등 뒤에 있는 동굴의 입구를 보게 되었다. 그러나 이들은 그림자가 실체이고 동굴 밖의 물체들은 환영이라고 생각하였다. 그러나 이들이 동굴 밖으로 끌려나와서 밝은 태양을 보고나서야 서서히 시력을 회복하고 동굴 벽의 그림자가 실체가 아니고 태양의 빛에 비추어진 모습이 실체인 것을 깨달았다(obtained a new insight).

플라톤은 사람들은 본래(태어나기 전) 하늘에 있는 영존하는 형태(idea)들을 알았지만 지구에서 태어나 오래 살면서 태어나기 전에 가졌던 지식인 형태들을 잊어버렸다고 주장하였다. 플라톤은 인간의 혼에 있는 이성(Mind)이 교육을 통해 그 본래의 능력을 회복하면 형태를 알아보게 된다고 주장했다. 그는 수학과 철학을 공부하면 이성이 발달하게 되어 참된 지식인 진리를 깨닫게 된다고 가르쳤다.

플라톤 다음으로 나온 헬라의 철학자 아리스토텔레스(Aristotle)는 플라톤과 다르게 정신 세계보다 자연 과학과 이성의 논리적인 부분을 더 많이 연구하였고 그 결과 14세기에 유럽에서 일어난 문예부흥운동(Renaissance)과 17세기 유럽의 자연 과학의 발달에 많은 영향을 끼쳤다. 아리스토텔레스는 세상에서 변하지 않는 실체(reality)가 있는데 그것을 본질(substance)이라고 불렀다. 그는 본질은 물질(matter)과 형태(form)가 합해져서 이루어진다고 주장하여 형태만 강조한 플라톤의 기르침과 거리를 두었다.

아리스토텔레스는 이 지상에 있는 집을 가지고 이 개념을 설명했는데, 집의 물질은 벽돌이나 나무 등이고 집의 형태는 집의 구조나 가구 같은 것이라고 설명하였다. 즉 지상에 있는 집에도 형태(form or idea)가 있다고 주장하였다. 그 반면에 플라톤은 하늘에 있는 이상적이고 영원한 집을 진정한 형태라고 부르고 지상에 있는 집은 하늘에 있는 완전한 집의 불완전한 복사판에 불과하다고 말했다.

아리스토텔레스는 플라톤이 주장한 형태와 물질의 이원론에 대항하기 위해서 인간의 유한한 육신에 대조되는 인간의 혼(soul)이 육신의 죽음 후에도 계속 살아 있다는 주장을 부인하였다. 그는 인간의 육신과 혼이 합하여 그의 생명이 유지된다고 믿었다. 혼의 역할도 새롭게 정의하여 혼은 육신의 형태로서 육신의 호흡, 운동, 사고, 감각 등을 주관하는 두뇌와 신경의 역할을 한다고 생각하였다. 동물도 혼을 가지고 있지만 동물의 혼은 이성이 없이 단지 움직이고, 감각하고, 욕심을 주관하는 역할을 하고, 식물의 혼은 영양분 관리와 종자 번식을 주관한다고 주장하였다.

아리스토텔레스는 신의 개념을 세 가지로 표현했다. 첫째로 그는 헬라의 신비론이 주장한 다신론과 인간과 매우 유사한 신의 개념을 비판했다. 둘째로 신성(divine)의 개념을 하늘의 별과 같이 영원하고 변하지 않는 예에서 찾았다. 그는 하늘의 별들에게는 지성도 있다고 주장했다. 셋째로 그는 플라톤의 신의 개념을 한 단계 더 올려서 한 분이시고 초월자이며 절대자인 비인격적인 신의 개념을 주장했다. 이 신은 영원하고 무한하며, 전능하고, 가장 선하며, 불변하고, 그의 뜻으로 모든 것의 운명이 결정되며, 여러 부분으로 나누어질 수 없는 초월자라고 주장하였다. 그는 신은 모든 것의 근원이며 우주 존재의 이유를 제공하는 궁극적인 목적이며 모든 것에 존재의 의미를 주며 존재를 유지하게 해 주는 절대자라고 설명하였다.

절대자 신의 좋은 예는 이슬람교의 신 알라이다. 절대자인 아랍인들의 신은 우주의 모든 운명을 다 결정해 놓았다. 그러므로 그에게는 대화가 필요없다. 이 신은 인간의 낮은 수준으로 내려와 인간들의 아픔에 귀를 기울이지 않는다. 따라서 수많은 이슬람 교도들이 자폭하여 죽는 과정에서도 알라에게 회의나 분노를 표현하지 않는다. 이슬람 교도들의 기도를 들어보면 매우 간단한 기도문을 반복해서 외치는 기도를 잠깐 동안 한다. 그들의 대표적인 기도는 '알라는 위대하다'이다. 그들은 테러를 저지르면서도 이 말만 되풀이한다.

코란을 읽어보면 절대자인 알라를 믿지 않는 인간들은 모두 사탄의 자식들이므로 목을 쳐서 죽이라는 잔인한 명령을 내리고 있다. 아리스토텔레스는 덕은 본성적으로 주어지는 것이 아니기 때문에 사람은 음악의 거장처럼 꾸준히 자신을 연마하여 쾌락이나 인기를 추구하지 말고 지성적이고 도덕적인 탁월함에 도달하도록 이성적 원리(rational principles)들을 몸에 갖추어야 한다고 가르쳤다. 인간이 추구하는 최고의 가치는 이성을 잘 발휘하는 성품을 갖추는 것인데, 그러기 위해서는 중용을 선택하는 습관을 가져야 한다고 주장했다.

사람은 쾌락과 욕심에서 벗어나기 위해 한쪽으로 치우치지 아니하고 이성의 지혜에 따라 중용의 덕을 실천해 나가면 인생이 행복해진다고 그는 가르쳤다. 현자는 낭비와 인색, 만용함과 비겁함, 교만함과 열등감 등에서 중용의 위치에 서는 인격을 닦아야 자아와 타인 모두에게 만족함을 주는 행복한 삶을 살 수가 있게 된다는 것이다.

그러나 인간의 이성을 신의 위치에 올려놓은 계몽주의 시대의 서구 국가들이 가장 탐욕스러운 행태를 보여주었고, 결국은 이들의 식민지 쟁탈전이 두 번의 세계대전으로 전개된 것은 인류 역사가 역설적으로 뒤틀려진 것(ironic twist)을 보여 주었다.

신플라톤주의(Neoplatonism)는 주후 3세기경 헬라 철학(Plutonism)과 헬라 종교를 배경으로 헬라의 철학자 플로티누스(Plotinus)가 쓴 엔네아데스(Enneads)에 기초하여 창시되었다. 플로티누스(205-270년)는 플라톤이 주장한 형태(form, idea)의 세계와 현상(matter)의 세계의 이원론을 많이 희석된 상태로 받아들이고, 그 대신 모든 실체는 하나의 원리(single principle) 즉 일자(一者, The One)에게서 나온다는 일원론적 세계관을 강조하였다(위키백과의 신플라톤주의 참조).

신플라톤주의는 529년 이교도 학원의 폐쇄령으로 공식적인 존재는 없어졌지만, 그 사상은 중세기를 거쳐 르네상스 운동 이후에도 많은 영향을 미쳤다. 플로티누스는 신의 위치에 있는 일자(하나)와 그 밑에 있는 누스(지성)와 또 그 밑에 있는 프시케(영혼)의 세 가지 원리로 세상을 설명한다. 이 세 가지 밑에는 영혼에서 나온 물질(matter)이 있으며, 물질에는 생명이 없다. 모든 것은 하나(일자)로 말미암아 존재하는데 하나는 모든 것보다 먼저 존재하며 모든 존재의 궁극적 원리라고 알려져 있다. 이 3원리는 각각 독립된 실체가 아니라 가득 찬 물이 넘치듯이 완전해진 하나로부터 시작해서 계속 흘러넘쳐 즉 '유출'(emanated)이 되어 생겨났다(일자(The One)→ 누스(divine mind)→ 프시케(the soul)→ 현상 세계(matter)).

이데아가 물질들을 제대로 주관하고 프시케(soul)가 몸을 제대로 주관하는 동안에는 세상은 공평하고 선하게 움직인다. 왜냐하면 프시케에는 형태(form) 세계와 그 그림자인 현상(matter) 세계를 연결하고 양자를 매개하는 기능이 있다. 이 이론은 플라톤의 이원론을 일자로 극복하여 통일된 유기체적인 우주관을 제시하고 있다. 신플라톤주의는 초월적 절대자인 신을 제시하고 그와 유한한 존재인 인간의 신비적 연합을 시도함으로써 기독교의 교리에 어느 정도 접근했다고 볼 수 있다.

초기 신플라톤주의자들은 신에 대한 능동주의적 해석 및 인격신의 개념을 철저히 부정하였으며, 기본적으로 범신론적 사상을 갖고 있었다. 그러나 후기 신플라톤주의는 스토아학파적 사고관이 점점 배제되고 신에 대한 능동주의적 해석이 점진적으로 증가해 갔다. 영혼을 가진 인간들은 하나(신)를 목표로 삼고 더 높은 곳으로 나아가야 한다. 결국 인간의 영혼은 우주의 근본 원리인 신과 하나가 되기를 원한다. 이것을 '회귀'라고 한다. 유출은 아래로 하강하는 운동이고 회귀는 위로 상승하는 운동이다.

인간이 위로 올라가서 일자와 가까워지면 자신의 덕이 흘러 넘치게 되어 자연히 도덕적인 행동을 하게 되고 사랑을 베풀게 된다. 인간의 죄성에 관한 관점도 신플라톤주의는 기독교와 다르다. 기독교의 원죄론은 아담이 죄를 범했을 때 그 후손들도 아담의 죄에 영향을 받았기 때문에 후손들은 하나님의 특별한 은혜가 없으면 죄에 복종할 수밖에 없는 연약한 존재로 규정하고 있다(요 8:34; 롬 5, 6장 참조). 또한 인간의 자유의지도 하나님의 은혜가 없으면 죄의 능력을 극복할 수 없는 유한한 자유의지다.

반면에 신플라톤주의 사상은 하강성(유출)의 산물인 질료적 존재가 인간이며, 상승성(회귀)을 이루지 못하는 것이 악(惡)일 뿐, 인간 자체가 악한 것이 아니며 선에 접근하는 것은 인간이 더 일자에 올라가려고 하는 영혼의 노력에 달렸다고 보았다. 동시에 신플라톤주의자들은 자유의지는 상승성의 과정에서만 제한적으로 나타나는 것이라고 하였다.

사도 바울 이후 최고의 신학자로 불리는 4세기의 신학자 아우구스티누스(Augustine)는 신플라톤주의를 믿다가 기독교를 받아들였기 때문에 그의 신학에는 신플라톤주의의 영향이 보인다. 신을 무한자로 보는 것, 신은 피조물로 표현될 수 없으므로 항상 부정으로만 표현해야 한다는 부정신학(하나님이 아닌 것으로 그를 묘사하는 기법), 상승운동을 구원으로 보고 하강운동을 신의 은총으로 보는 관점, 일자, 정신(이성), 영혼을 성부, 성자, 성령의 삼위일체로 보는 관점, 신과 합일을 추구하는 신비주의적 관점 등의 교리들이 플로티누스의 사상과 비슷한 점이 엿보인다.

그러나 아우구스티누스는 신플라톤주의와 기독교가 확실히 다른 점들을 지적하여 둘이 하나가 될 수 없음을 분명히 하였다. 그는 신은 스스로 존재하는 자로 믿었다. 이 사상은 출애굽기 3장 14절의 “하나님은 스스로 있는 자이다(I am who I am)”에 근거한다. 독일에서 출생하였고 미국으로 이주한 철학자 틸리히(Paul Tillich)는 “하나님은 존재 자체이다”라고 말했다. 그러나 ‘하나님이 존재자이면 하나님은 누가 만들었는가’라는 질문을 할 수 있다. 틸리히는 그런 질문을 뛰어넘어서 하나님은 모든 존재를 있게 하는 존재의 근원(the Ground of Being, 근본)이라고 주장하였다. 존재의 근원은 내가 왜 존재하는가, 내가 존재한다는 것은 무엇을 의미하는가 하는 질문에 대답을 준다.

성경의 수많은 사람들이 하나님이나 그가 보내신 천사를 만나면 특별한 사명과 약속을 받았다. 아브라함, 이삭, 야곱, 요셉, 기드온, 모세, 구약의 선지자들과 예수님의 12사도들과 바울 등은 자기가 왜 태어났는지 그 이유를 그들이 받은 사명에서 찾았다. **그 사명이 실존주의 철학자들이 찾고 있는 ‘나의 존재의 이유’이다.**

그러나 신플라톤주의는 일자는 존재가 아니라고 주장한다. 일자는 존재하는 모든 것들에 앞서 있으며 인간의 경험적인 지식을 넘어서 있으므로 말로 표현할 수 없으며 어떠한 제한도 없다. 기독교와 신플라톤주의의 또 다른 점은 신플라톤주의는 일자로부터의 유출을 필연적이고 자연적인 과정으로 설명하지만 기독교는 자기 의지를 가진 신이 자기의 섭리에 따라 세상을 창조하고 다스림을 말하므로 의지를 가진 인격적인 신을 말하지만, 플로티누스의 유출설은 일자를 신의 개념이 아닌 세계를 움직이는 원초적 원리(principle)라고 설명하기 때문에 오히려 범신론에 더 접근한다.

그러므로 일자는 유출을 각 단계가 준비되었을 때 자동적으로 시행되는 것이지만 기독교의 신은 그런 제약을 받지 않고 자신의 계획에 따라 모든 것을 창조하고, 계획하고, 운영한다(https:// namu.wiki〉 신플라톤주의).

기독교 실존주의자 중에 스위스 신학자 브루너(Heinrich Emil Brunner)는 현대인들을 전도하기 위해서 자연신학(Natural Theology)이 필요하다고 주장하였다. 자연신학은 인간의 이성으로 자연세계를 연구하여 예수님의 구원사역은(특별 계시 영역) 알지 못하더라도 하나님의 세상 진리에는(일반 계시 영역) 어느 정도 접근해 갈 수 있다는 이론이다. 즉 하나님이 창조하신 놀라운 세계에서 인간은 하나님의 피조물에 대한 세밀한 관심과 사랑을 느낄 수 있다.

또한 그의 창조의 능력과 질서에서 그의 초월성과 합리성도 발견할 수 있다. 우주는 신의 세밀한 설계(fine tuned design)로 만들어졌다는 증거가 알려진 것만 나열해도 수백 개가 넘는다. 브루너는 현대과학이 찾아낸 수많은 인류지향적인 사실들이 현대인들을 신으로 나아오게 하는 **접촉점**(points of contact)의 역할을 할 수 있다고 믿었다.

그러나 과학에 무지한 실존 신학자 바르트는 브루너의 주장을 완강하게 반대하였다. 우리는 상대성 이론을 **발견한** 아인슈타인을 천재 과학자라고 칭송한다. 그러나 상대성 이론의 원리를 **만들어** 우주를 창조하신 분에게는 얼굴을 돌리고 있다. 신비한 소립자(elementary particles)들과 그들을 움직이는 힘을 창조하신 분에게는 무관심하면서, 양자장론(Quantum Field Theory)을 발견한 과학자들에는 굉장한 찬사를 보내고 있다.

플라톤의 철학(Platonism)을 기독교와 연결시키려는 시도는 여러 번 있었다. 그러나 사도 바울은 그 당시의 철학들에 반대하는 듯한 말을 서신에 남겼다, "누가 철학과 헛된 속임수로 너희를 노략할까 주의하라 이것이 사람의 유전과 세상의 초등학문을 좇음이요 그리스도를 좇음이 아니니라"(골 2:8). 바울은 철학과 헛된 속임수를 하나의 관사로 묶어서 쓴 것으로 보아 이 말은 헛된 속임수를 쓴 엉터리 철학을 조심하라는 뜻일 것이다.

과학은 새로운 발견이나 이론이 나오면 여러 사람들의 관찰과 실험으로 이루어진 증명을 반드시 요구한다. 그러나 옛날 철학자들의 대다수는 잘못된 사람들의 유전에 매달리고, 증거도 없이 직관적인 느낌으로 이론과 학파를 만드는 것을 보게 된다. 더구나 철학이나 종교는 많은 사람들의 삶의 길을 제시하는 매우 중요한 가르침이 포함되어 있으므로 많은 사유를 하고 다른 여러 의견들을 비교 연구한 후에 조심스럽게 주장해야 할 것이다. 특히 오늘날과 같이 수많은 사이비 종교들과 온갖 주장들이 난립하는 혼란한 시대에는 더욱 신중하게 점검해야 한다.

저자가 기독교를 권하는 중요한 이유 중에 하나는 기독교의 오랜 역사가 기독교의 주장을 증거하고 있기 때문이다. 처음 그리스도인들은 죽은 예수님이 부활해서 하늘로 올라갔다는 매우 믿기 어려운 주장을 했다. 초기 기독교 시대에는 로마 황제를 신으로 섬기기를 강요하였고 그 명령에 복종하지 않으면서 십자가에 처형당한 예수를 하나님의 아들이라고 주장하는 자들에게는 사형을 포함한 심각한 형벌을 가하였다.

그러나 기독교는 처음부터 이 주장을 하였고 로마 제국의 수백 년 핍박 가운데서도 오히려 세계 최강의 로마 정권을 기독교 국가로 완전히 변화시켰다. 수많은 철학자들과 종교가들이 우주와 인생의 참 길을 설파하였지만 그 주장대로 몇 사람이 변화했는지, 인류의 역사가 그 길을 따라 얼마나 변화했는지를 자세히 점검해 보는 것은 그 주장이 참으로 진리인가를 파악하는 좋은 시금석이 될 것이다.

기독교 초기의 교회 지도자들은 다른 종교나 철학 사상을 따르는 사람들을 회유하기 위한 목적과 로마 정권의 핍박을 멈추어 달라고 탄원하는 목적을 위해서 기독교를 변호하고 기독교의 기초를 설명하는 변증서들(apologetic documents)을 쓰기 시작했다. 이 문서들은 기독교를 소개하는 전도용 문서도 될 수 있었고 초신자들이 기독교의 기초를 배우는 교재로도 쓰일 수 있었다. 저자는 사도 요한이 요한복음의 첫 구절에 왜 예수님을 로고스(말씀)로 표현했는지 궁금했었다.

로고스라는 말은 구약성경에는 전혀 나오지 않고 신약성경에서도 사도 요한 외에는 아무도 사용하지 않았다. 그러나 헬라 사회에서는 로고스가 하나님으로 널리 알려져 있었다. 주전 500년경에 철학자 헤라클레이토스는 로고스가 우주의 모든 것을 관장한다고 주장하였고 유대인 철학자 필로(Philo)도 로고스는 하나님의 장자이며 하나님을 위해 세상에서 역사한다고 주장하였다. 2세기의 그리스도인 철학가 저스틴 마터(Justin Martyr)는 로마 정부에 3번의 변명서들(apologies)을 보내어 기독교 핍박을 중단하도록 요구하였다. 그의 중심 내용은 그리스도가 하나님의 로고스로서 본래 둘째 하나님으로 처음부터 영으로 계시다가 인간의 육신을 입고 오셨다고 설명하였다.

사도 요한은 그 당시 헬라 사회에 잘 알려진 로고스가 예수님이라고 하여 헬라인들에게 전도할 목적으로 예수님을 로고스로 표현한 것 같다(요 1:1; 요일 1:1). 그 당시 대부분의 그리스도인들은 헬라 철학을 부정적으로 보고 그것을 멀리하였다. 특히 아프리카의 카르타고 출신인 터툴리안(Tertullian)은 헬라 철학이 기독교에 영향을 미치는 것을 배격하였다. 그는 성령파였던 몬타니즘(Montanism) 성도들이 새로운 예언을 하는 것을 반대하고 이단으로 정죄하였다.

그 반면에 이집트의 알렉산드리아 출신의 기독교 신학자 클레멘트(Titus Flavius Clement)는 플라톤과 스토아 학파의 영향을 받았다. 그는 모든 진리는 어디에서 왔든지 하나님의 진리라고 주장하였다. 그는 플라톤의 부정의 신학(Apophatic Theology, 무한한 하나님을 제한하지 않고 묘사하는 방법: '하나님은 유한하지 않다', '하나님은 악을 행하지 않는다'처럼 하나님이 아닌 것으로 그를 묘사하는 기법)을 매우 높게 평가하였다. 그는 그리스도인의 순종의 삶은 이성을 따라 합리적으로 행동하는 것이라고 말했다. 그는 그 당시 헬라 신들의 음란하고 타락한 모습보다 플라톤이 말한 궁극적인 신인 최고의 선을 기독교의 하나님과 매우 유사하게 받아들였다.

반면에 그는 신플라토니즘이 말하는 비인격의 일자에 의한 계속되는 유출론을 배격하고 기독교의 인격적 하나님이 말씀으로 무에서 유를 단번에 창조하신 것을 강조하였다. 그는 플라톤의 철학이 논리나 변증법(dialectic)을 사용하므로 잘못된 이론들을 분별할 수 있게 도와줄 수 있다고 주장하였다. 클레멘트의 사상은 헬라 철학이 기독교로 가는 접촉점의 역할을 할 수 있다고 보는 것 같다.

헬라 사회의 지식인들은 쾌락주의(Epicureanism)를 배격하고 플라톤의 철학과 스토아 학파(Stoicism)의 가르침을 따르는 경향이 있었다. 스토아 학파는 주전 300년경 아테네의 제노(Zeno)에 의해 시작되었다. 이들은 현명한 자들은 우주의 원리인 신성의 이성(Logos or God)을 인간의 의지로 따르게 되며 구원을 얻는다는 가르침을 믿었다. 인간이 욕심을 버리고 자연의 질서인 서로의 섬김 즉 덕(virtue)을 꾸준히 실천하면 우주의 질서에 조화되는 삶을 살 수 있다고 믿었다. 이 사상은 주전 1세기에는 로마를 중심으로 점점 더 퍼져나갔다.

스토아 학파의 사상은 우주를 연구하는 자연학, 논리학, 윤리학 세 가지로 구분된다. 그들의 가르침은 신을 포함한 우주에 있는 모든 것은 물질(matter)로 구성되어 있고, 만물은 그 근원으로부터의 생성과 그곳으로 돌아가는 환원의 질서를 되풀이한다고 주장하였다. 신이 만물을 관리하고 순환하는 것이 섭리이며 인간의 입장에서는 자신의 운명이다. 스토아 학파의 세계관은 유물론적이며 일원론이고 결정론적이다. 스토아 학파는 후기로 가면서 서서히 세계의 모든 흐름이 결국은 정신적이라고 주장하는 유심론(mentalism)에 가까워져 갔다.

유대교를 믿은 유대인 필로(Philo)는 로고스 사상을 적극적으로 전파하였다. 그는 헬라 철학이 추구하는 완전하고 이성적인 신과 로고스의 유사성을 강조하였다. 그는 로고스가 구약성경이 말하는 세상을 창조하셨고 율법을 베푸신 여호와 하나님과 유사한 제2의 하나님이라고 주장하였다. 그의 영향을 받은 사도 요한도 하나님으로 세상의 창조에 동참했던 예수 그리스도가 인간의 육신을 입고 오신 로고스(말씀으로 번역됨)라고 요한복음 1장 1절에서 말하고 있다.

중세 철학에서 최고의 난제 중에 하나는 보편성(universal)이 정말로 존재하는가에 대한 질문이었다. 각 인간들이 존재하는 것은 확실하지만 모든 인간들이 공유하는 인간의 이상적인 특징(ideal humanity, 이상적인 인성)들의 모임 즉 보편성이 존재하는 것은 확실하지 않다. 플라톤은 이 보편성이 인간의 지식(이성) 안에 있다고 믿었고 이것을 영원 불변하고 참된 형태(form, idea)라고 불렀다.

저자는 많은 철학자들이 세상의 물질을 경원시하고 인간의 마음의 산물인 생각이나 개념을 더 중요시하는 것에 대해 궁금하게 여겼다. 대부분의 사람들은 이 세상이나 그 안에 존재하는 물질이 인간과는 대화도 안 되고 물질의 법칙만 따라 움직이며 인간에게는 매우 비협조적이라고 느낄 것이다.

실존주의 철학자들의 말처럼 인간은 자기의 원함과 아무런 관계없이 세상에 내던져져 태어나게 되었고, 그 후 비인격적이고 차가운 물질 세계에서 살아가며 외롭게 진리의 길을 찾아 헤매는 불쌍한 존재가 되었다. **모든 물질들은 수동적이어서 새로운 진리를 찾아 나아가는 데 별로 도움이 안 되지만 반면에 인간의 마음은 자유롭고 창조적으로 생각하므로 궁극적인 질문들이 요구하는 대답을 찾아내는 역할을 꾸준히 시도해 왔다.**

르네상스 시대의 데카르트는 자기 안에 있는 이성이 스스로 생각할 수 있는 자유와 능력이 있고, 이 이성의 힘으로 세상에 숨겨진 궁극적인 원리(토대, foundation)를 깨달을 수 있는 가능성을 상상하면서 자신의 마음에 있는 이성을 점점 더 믿게 된 것 같다. 나의 생각은 물질 세계와 다르게 내가 원하는 목적을 향하여 상상의 날개를 펴게도 해주고 현실에 닥쳐오는 문제들을 극복해 나가는 가능성을 볼 수 있게 해 준다. 우리 마음의 생각이 참진리를 찾게 해 준다는 사상을 관념론(Idealism)이라고 한다.

관념론은 실체(reality)는 비물질인 정신으로 구성되었다고 주장하는 철학이다. 이 사상은 이성주의 철학(reason based philosophy)이라고 부르는 것이 더 타당할 것 같다. 플라톤은 이성에서 생겨난 개념이 하늘나라에 있는 영원 불변한 idea(형태)라고 부른 것 같다. 같은 이유로 플라톤은 보편성이라는 인간의 생각이 idea라고도 주장하였다. 그 반면에 영국의 17세기 철학가 베이컨(Francis Bacon)은 물질의 특성을 관찰하고 실험하여 그 결과를 귀납법(induction)으로 분석하는 것을 강조하여 현대 과학의 기초를 제시하였다.

독일의 철학자 칸트로 시작한 독일의 관념론자(Idealist)들은 헤겔(Georg Wilhelm Friedrich Hegel)까지 19세기 철학을 지배하였다. 자신의 마음의 세계를 주로 들여다보는 매우 주관적(subjective)인 관념론은 그 후에 나온 현상론(Phenomenology)과 실존주의(Existentialism)로 연결되었다. 현상론 연구의 선구자 독일의 철학자 허셀(Edmund Husserl)은 인간이 인식할 수 있는 것은 대상의 실체가 아니고 오직 마음이 인식한 현상뿐이라고 주장한다.

실존주의 철학자 사르트르(Jean-Paul Sartre)는 현상학적 존재론을 전개하면서 존재가 본질에 앞선다("existence precedes essence.")라는 유명한 말을 남겼다. 이 말은 인간은 이성 철학이 말하는 idea(form), 실체, 진리 같은 논제에 해답을 찾는 것보다 자신의 정체성(identity)을 찾아서, 의미가 있는 행동을 해야 한다는 말이다. 즉 자기가 '왜 존재하는가?', '어떻게 해야 의미 있는 즉 보람 있는 삶을 살 수 있는가?', 지금 자기가 당면한 문제를 해결하기 위하여 '어떠한 올바른 선택을 해야 하는가?' 등의 삶을 위한 결단이 더 우선되어야 한다는 주장이다.

관념론을 강력하게 주장한 사람으로 아일랜드 출신 철학자 버클리(George Berkeley)가 있다. 그는 사람이 그의 마음에 있는 실체(idea)는 인식할 수 있지만 물질 내에 있는 실체(noumenon)는 인식할 수 없다고 주장하였다. 즉 마음의 생각이 실체이지 물질 안의 실체는 인식할 수 없으므로 물질들은 존재하지 않는다는 극단적인 말도 하였다.

플라톤 이후로 생긴 관념론은 기독교의 영향도 많이 받았다. 성경의 신은 자기 마음의 뜻(생각)으로 물질을 창조하였다. 모든 물질의 운명은 신의 마음이 결정하므로 자연 세계와 자연 과학은 신의 마음과 인간의 마음을 따라야 한다. 18세기 독일의 관념론 철학자 칸트(Immanuel Kant)도 물질을 무시하고 마음을 중심으로 여기는 관념론에 기초한 철학을 정립하였다. 영국의 경험론자인 흄(David Hume)은 원인과 결과의 연결 고리는 보이지 않지만 수많은 원인과 결과가 동시에 일어나는 것을 보면서 우리의 마음에 연결 고리가 있다고 믿게 되었다고 주장했다.

칸트는 흄의 주장에 동의하면서 물질 간에 연결 고리가 필요한 것보다 우리 마음에 연결 고리가 있다고 믿기 때문에 더 이상 물질 간에 연결 고리가 없어도 된다고 생각한 것 같다. 그러나 물질 간의 원인과 결과의 연결 고리는 모든 과학적 현상에서 나타난다.

뉴턴은 물질의 움직임의 변화(결과)는 외부에서 오는 힘(원인) 때문이고 그 사이에는 힘을 먼 거리에 전달하는(action at a distance) 연결 고리가 있을 것으로 추측했다. 현대과학이 밝힌 바에 의하면 물질이 서로 끌어당기는 것은 중력장(gravitational field)에 있는 그레비톤(graviton, 중력을 전달하는 소립자)을 통해서 서로 끌어당긴다.

플러스 전하(positive charge)가 마이너스 전하(negative charge)를 전기장(electric field)에 있는 전기파를 통해서 끌어당기고, 자석의 북극은 자석의 남극을 자기장(magnetic field)에 있는 자기파를 통해서 끌어당긴다. 모든 힘은 눈에 보이지 않는 장(field)을 통해서 전달되며 이 장이 바로 원인과 결과의 연결 고리인 것이다. 이 연결 고리는 우리의 마음과는 아무 관계도 없다. 그러므로 양자역학도 양자장 이론(quantum field theory)으로 발달하였다.

칸트는 초월적 관념론(transcendental idealism)에서 인간의 순수 이성(pure reason, 감각과 관계없는 형이상학적 주제를 다루는 기능)은 태어날 때부터(a priori) 마음 안에 있는 12개의 범주(categories)들의 도움으로 물체로부터 온 신호를 분류해서 주관적으로(subjectively) 인식하기 때문에, 물질 안에 있는 객관적인 실체(noumenon)의 정보는 알 수가 없다고 주장하였다.

그는 흄의 주장을 따라 원인과 결과도 마음에 있는 범주 가운데 하나라고 주장하였다. 또 그는 시간과 공간도 이 범주들에 속하기 때문에 시간과 공간도 인간의 두뇌에서 나온다는 엉뚱한 주장을 하였다.

시간은 항상 내일로만 향해 움직인다. 내가 며칠을 계속해서 의식 불명 상태에 있었다고 해서 시간이 멈추지는 않는다. 시간은 내 마음의 범주와 전혀 무관하게 영국 그리니치(Greenwich)에 있는 표준 시계에 맞추어서 계속 앞으로 흘러간다. 공간은 시간보다 훨씬 더 복잡하다. 양자장 이론에 의하면 공간에는 항상 수많은 가상입자들(virtual particles)이 순간적으로 생겼다가 사라지기를 되풀이한다고 한다.

저자의 은사인 노벨상을 수상한 유대인 물리학자 쉬윙거(Julian Schwinger) 박사는 수소 원자에 있는 전자의 궤도가 공간에 있는 가상입자들과의 충돌 때문에 조금 달라지는 것을 정확하게 계산해 내었다. 이 전자 궤도의 변화를 '램전이'(Lamb shift)라고 한다. 쉬윙거 박사는 램전이를 실험실에서 측정된 값에 백만분의 일의 오차 내로 정확히 계산해 내었다. 쉬윙거 박사는 영재교육을 받아 21살에 박사 학위를 취득했다.

그와 유대인 물리학자 파인만(Richard Feynman) 박사가 발견한 양자전기역학(quantum electrodynamics) 이론은 전자 간에 충돌할 때에 가상입자들이 개입한다는 이론이다. 이 이론은 실험의 결과를 너무나 정확하게 계산해 내기 때문에 모든 과학자들에게 인정을 받고 있다. **그런데 이 복잡한 공간과 시간이 사람이 태어날 때부터 마음에 소유한 대상을 인식하기 위한 범주(category)의 하나이며 사람의 머리에 있는 이성에서 나온다는 칸트의 주장은 황당하기 짝이 없다! 저자가 아는 어떤 과학자도 이런 주장에 관심을 보인 적이 없다.**

칸트는 인간의 마음 밖에 있는 대상(object)에 있는 실체(noumenon)의 인식은 인간 마음의 범주들로 해석하게 되므로 인간에게는 전혀 불가능하다고 주장했다.

그러므로 칸트는 철학자들에게 이성으로 알 수 없는 종교적 인식의 대상인 영혼이나 신과 같은 형이상학의 주제들은 이성으로 연구할 수 없다고 주장했다. 그런 주제들은 도덕의 실천에 필요한 윤리적인 문제들만 도와줄 수 있는 실천 이성(practical reason)이 다루어야 한다고 그는 말했다.

그 결과 현대 철학은 더 이상 형이상학을 다루지 않고 언어 분석을 주로 다루는 분석 철학(Analytical Philosophy)의 연구에 집중하고 있다. 종교도 학교와 같은 공적인 자리(public domain)에서는 더 이상 다루지 않게 되었다. 따라서 종교의 가르침은 더 이상 이성이 다룰 수 없는 주제로 밀려나게 되었다.

칸트의 이런 주장들은 누미논을 인정하지 않는 현대 과학자들의 생각과 전혀 다르다. 과학자들은 처음에는 물질을 분석하고 이해하기 위해 자신이 가진 편견에 의존하지만 수많은 실험을 통해 잘못된 편견들을 모두 제거해 나간다. 한 예로 처음에는 태양에서 오는 빛의 속도가 지구의 자전 속도 때문에 지구의 동쪽 끝에서 측정하는 값과 서쪽 끝에서 측정하는 값이 서로 다를 것으로 추측하였다. 이것은 달리는 기차에서 보는 자동차의 속도가 기차에서 내려서 보는 속도와 다른 것과 같은 현상이다.

그러나 마이켈슨과 몰리(Michelsonand Morley)는 빛의 속도는 지구의 움직임에 관계없이 항상 일정함을 측정하여 상대성 이론의 기초를 제공하였고 아인슈타인은 뉴턴 역학을 수정하여 상대성 이론을 만들었다. 저자가 알기로는 현대 철학자들의 대부분도 누미논의 존재에 대해서 의심을 가지고 있다.

사도 바울은 고린도전서 2장 13-14절에서 인간 인식 능력의 또 다른 한계성을 말하였다.

“우리가 이것을 말하거니와 사람의 지혜의 가르친 말로 아니하고 오직 성령의 가르치신 것으로 하니 신령한 일(spiritual truth)은 신령한 것으로 분별하느니라 육에 속한 사람은 하나님의 성령의 일을 받지 아니하나니 저희에게는 미련하게 보임이요 또 깨닫지도 못하나니 이런 일은 영적으로라야 분변함이니라."

즉 하나님은 성경에 하나님의 계시(revelation)의 말씀을 주셨지만 하나님을 믿는 사람에게만 성령이 그의 영안을 뜨게 하여 계시의 말씀을 이해하게 해 주신다는 말이다. 누가복음 24장 13-32절은 예수님의 부활 후에 변화된 그의 모습을 알아보지 못하던 제자들이 예수님의 성경 해석을 통하여 그의 죽음과 부활의 의미를 깨닫고 영안이 밝아져 예수님을 알아보았다는 이야기를 말하고 있다.

그러나 성령의 도움으로 인식하는 영적인 실체와 이성으로 파악하려는 물질 안에 존재하는지도 확실하지 않은 누미논의 개념 사이에는 아무런 연관이 없어 보인다.

현대 과학자들은 베이컨이 말했듯이 자연 세계의 물질들을 오랫동안 계속 관찰하고 실험함으로써 그 물질들의 특성을 점점 더 귀납적으로(inductively) 정확하게 파악하여 물질들의 특징과 행동의 원리를 예측해 낼 수 있는 과학 이론(scientific theory)을 만들어 낼 수 있게 되었다. 지금까지 현대 과학은 원자를 구성하는 소립자들의 세계에서부터 우주의 생성과 역사까지 대부분의 물리적 현상들을 상대성 이론과 양자역학 이론으로 매우 성공적으로 밝혀냈다. 현대 과학의 수많은 업적들이 과학자들의 생각이 옳다는 것을 증언하고 있다. 현대 수학자와 과학자들은 오랜 기간 동안 수많은 시행착오를 거치면서 끊임없이 모든 자연 현상들을 설명할 수 있는 궁극적인 이론(theory of everything)을 찾아내려고 애쓰고 있다.

철학의 근본적인 문제는 한두 명의 뛰어난 철학자들이 자신의 영감에서 깨달은 설익은 이론으로 제대로 된 검증도 없이 세계의 모든 현상들을 단번에 설명하려고 하기 때문에 생기는 것 같다. 인간이 아무리 지식이 많고 지능이 뛰어나더라도 이 세상은 유한한 인간의 머리로 쉽게 간파할 수 없는 오묘한 원리들로 만들어져 있는 것을 물리학은 이미 상당히 밝혀냈다.

20세기 초에 여러 학자들이 비엔나 대학에서 모여 철학의 많은 전제들(미리 가정하는 것, presuppositions)이나 논제들(propositions)을 검증해 보려고 시도했지만 성공하지 못했다. 철학 대부분의 논제들이 확실한 논리나 사실에 기초하고 있지 않기 때문에 그러한 논제들을 검증하는 것은 쉽지 않다. 전문적인 지식이 없으면서 직관이나 영감으로 엉뚱한 생각을 내뱉는 행위는 책임감이 있는 사람으로서 삼가하는 것이 바람직하다.

인간에게는 논리적인 사고를 할 수 있는 이성의 마음(rational mind)이 있고 영적인 사고를 할 수 있는 영성(spirituality)도 있다. 이런 능력들은 동물들에게는 전혀 없는 인간의 특별한 재능이다. 그러나 인류는 중세 시대에 강조되었던 신을 인간의 이성으로 대치한 인본주의 운동의 조류를 타고 자신이 가진 이성을 지나치게 신뢰하여 무리하게 자신들의 능력을 신뢰한 과오를 범하고 있는 것 같다. 식민 정책의 과오와 두 번의 세계대전을 치르면서 현대인들은 인간 이성의 파괴성을 심각하게 느끼고 있다. 인류에 의해 파괴되고 있는 지구의 생태계를 보면서 우리는 이성이 매우 위험한 도구일 수도 있음을 깨달아야 한다.

중세기의 신학자들은 보편성을 기독교의 가르침과 연결하여 사용하였다. 로마서 5장 12-19절은 아담이 인류의 대표로서 죄를 범함으로 모든 후손들에게 죄를 사랑하고 죄를 지으려고 하는 죄의 성품(죄성)을 물려주었다고 말한다. 이러한 원리는 히브리서 7장 9-10절에서도 나타난다. 즉 아브라함이 멜기세덱 제사장에게 십일조를 바친 것은 아브라함의 후손인 레위가 아브라함을 통하여 십일조를 바친 것과 같다고 성경은 말한다.

모든 인간들은 죄를 짓고 죗값으로 죽기 때문에 인간의 본성에 죄성이 있다는 것이 원죄론이다. 그렇다면 본래 죄가 없는 그리스도가 어떻게 인성을 소유할 수 있는지에 대한 의문이 생긴다. 보편성을 믿는 실재론자들(Realists)은 하늘에 있는 인간의 보편적 본성(form)에는 죄성이 없다고 주장하여 그리스도의 신성과 성육신의 교리를 동시에 지켜 나갈 수 있었다.

또한 천주교는 교회의 보편성은 그리스도의 몸이기 때문에 교인들 각자가 문제를 일으켜도 교회의 참모습은 변하지 않는다라고 주장하였다. 천주교는 매 주일 예배에 미사(Mass)를 거행한다. 이때에 떡과 포도주를 마시면서 떡은 그리스도의 몸이고 포도주는 그의 피라고 가르친다. 이 가르침에 의문을 던지면 보편성의 원리를 사용하여 하늘에 있는 그리스도의 살과 피가 떡과 포도주 속에 있다고 설명하였다.

14세기의 영국인 신학자 오캄(William Ockham)은 유명론(nominalism)을 주장하여 보편성은 이름만 있지 하늘나라에 그런 실재는 없다고 주장하였다. 그는 교황에게 불려가서도 자기의 주장을 굽히지 않아 파문(excommunication)을 당한 후 신성 로마제국의 황제 루이 4세(Louis IV)에게 도망하여 그의 보호를 받아 간신히 살 수 있었다.

1920년부터 1950년까지 오스트리아와 독일의 대표적인 과학자, 수학자, 철학자들이 비엔나 대학에서 정기적으로 모여 칸트와 헤겔의 관념론을 극복하기 위한 과제를 연구하고, 과학과 철학의 관계도 도모하기 위한 토론 모임을 가지기 시작하였다. 이들을 논리적 실증주의자들(logical positivists) 혹은 비엔나 서클(집단)이라고 불렀다.

이들은 주로 영국의 경험주의를 따르고 과학과 이성적 논리의 방법을 철학에 적용하기를 원하였다. 그들은 어떤 논제가 의미가 있으려면 관찰을 통해 먼저 그 주장을 증명(verification)하여야 한다고 주장하였다. 그러나 귀납적으로 모든 경우를 다 증명하는 것은 매우 어렵다.

예를 들면 모든 백조는 하얗다를 증명하기 위해 세상의 모든 백조를 검사하는 것은 매우 힘든 일이다. 그러므로 논제가 사실인 것을 증명하기를 요구하기보다 그 논제가 거짓임(falsification)을 제시하라고 요구하는 것이 훨씬 더 쉽다. 그러면 백조의 경우에는 흰색이 아닌 백조를 제시하지 못하면 그 논제는 통과되는 것이다. 그러나 많은 경우에 그 검증을 위해서 과학 실험실에서 실험을 하듯이 외부와 내부의 방해를 완전히 차단하기가 쉽지 않다. 또한 많은 논제들이 논리적인 증명을 할 수가 없는 감정적인 표현이나 다른 사람이 점검하기 힘든 개인의 체험에 의존하는 경우가 더 많다.

예를 들면 교인들 간에는 자주 기도 응답을 받았다고 말하지만 어떤 경우에는 심리적인 요소들이 작용하여 정말로 응답이 있었는지 점검을 제대로 하지 못하는 경우도 많이 있다. 더 근본적인 문제는 논제가 사실인 것을 증명(verification)하거나 거짓임을 제시(falsification)하는 요구를 통과하지 못하면 그 논제는 기각되어야 한다는 주장 자체를 모든 경우에 옳다고 귀납적으로 증명하는 것이 불가능하다는 것이다.

의미 있는 논제는 증명될 수 있어야 한다는 논제는 사전적인 정의라고 주장할 수 있지만 사전의 정의는 사람들이 마음대로 만든 것이므로 얼마든지 변할 수 있는 불변의 진리는 아니다. 20세기 영국에서 성장한 철학자 아이어(A. J. Ayer)는 실증주의자들이 요구한 증명이 있어야 한다는 요구를 따라가기 위해 형이상학, 신학, 윤리학 등 증명이 힘든 논제의 발표를 금지시켰다. **그는 철학도 언어의 개념과 정의만 연구하는 분석철학(analytic philosophy)만 다루도록 요구하였다. 그의 과격한 주장은 20세기 후반 이후 철학의 방향을 근본적으로 바꾸어 놓았다.**

20세기 독일 수학자 프리가(Gottlob Frege)와 영국 수학자 러셀(Bertrand Russel)은 모든 전제를 증명할 것을 요구한 실증주의자들의 주장을 따라서 수학의 모든 원리들을 논리 위에 세우려고 시도하였다. 수학의 논리는 처음에 모든 사람이 동의하는 공리(axiom)를 가정하고 그 공리에서 정리(therom)들을 유도해 낸다. 러셀은 1+1은 2가 된다는 논제를 논리적으로 증명하기 위해 100장이 넘는 논문을 발표하기도 하였다. 그러나 러셀은 이 과정이 너무 힘든 것을 깨닫고 그의 시도를 포기하였다.

한편 독일 출신 천재 논리학자 괴델(Kurt Goedel)은 여러 가지 공리들을 사용해서 정리들을 모두 증명하려고 해도 항상 증명할 수 없는 것이 있으며(incomplete), 공리 간에 있는 모든 모순(inconsistency)을 제거할 수도 없다는 **불완전성 정리(Incompleteness Theorem)**를 발표하였다. 불완전성 정리는 프리가와 러셀이 시도한 증명이 불가능하다는 것을 알려 주고 있다고 한다.

성경의 전도서는 인간 지혜의 한계성을 여러 가지로 지적하고 있다. 전도서 8장 16-17절은 인간의 지혜는 궁극적으로 유한하므로 하나님의 섭리를 알 수 없다고 말한다.

> "내가 마음을 다하여 지혜를 알고자 하며 세상에서 하는 노고를 보고자 하는 동시에(보고자 하여) 밤낮으로 자지 못하는 때도 있도다 하나님의 모든 행사를 살펴보니 해 아래서 하시는 일(의 의미)을 사람이 능히 깨달을 수 없도다 사람이 아무리 애써 궁구할지라도 능히 깨닫지 못하나니 비록 지혜자가 아노라 할지라도 능히 깨닫지 못하리로다."

전도서 9장에서 11장은 인간의 지혜로는 미래에 일어날 일을 알 수 없음을 여러 가지로 말하고 있다. 신명기 29장 29절도 인간 지혜의 미래에 대한 한계성을 잘 말하고 있다.

> "오묘한(비밀스러운 미래) 일은 우리 하나님 여호와께 속하였거니와 나타난(하나님이 계시한) 일은 영구히 우리와 우리 자손에게 속하였나니 이는 우리로 이 율법의 모든 말씀을 행하게 하심이니라."

오스트리아에서 20세기에 태어난 유대인 철학자 포퍼(Karl Popper)는 실증주의자들의 의견에 대부분 동의했지만 (1) 과학적이지 않은 논제는 무의미하다거나, (2) 모든 과학적 논제가 증명될 수 있다는 주장들을 믿지는 않았다. 그의 첫 번째 주장은 사람에게는 이성만 있는 것이 아니고 감성도 있으므로 쉽게 동의할 수 있다. 두 번째 주장도 귀납적 증명은 모든 경우를 검증해야 하므로 과학자들은 증명을 확률(가능성)로 표시한다. 그리고 현대 과학자들은 과학 이론이 적용되는 경계조건(boundary condition)을 반드시 표시한다.

예를 들면 양자역학은 플랑크 시간(5×10^{-44}초)보다 더 짧은 시간에서는 사용할 수 없다. 그러므로 모든 물리이론들은 대폭발 직전에는 적용될 수 없다. 따라서 물리학자들은 처음 대폭발이 어떻게 일어났는지 모른다. 전자기 이론과 상대성 이론에 의하면 빛의 속도는 진공에서 1초에 3×10^{8}(meter per second)로 움직이며 그 이상의 속도로 더 가속하는 것은 불가능하다. 아인슈타인은 물체가 빛의 속도로 접근하면 그 질량이 무한대로 커져 질량을 가진 어떤 물체도 빛의 속도까지 가속될 수 없는 것을 발견하였다.

따라서 아인슈타인은 뉴턴의 이론은 물체의 속도가 빛의 속도에 가까이 접근하지 않는 경우에만 적용된다고 발표하였다. 포퍼는 이러한 내용은 모르고 아인슈타인의 상대성 이론이 뉴턴의 중력 이론을 대치했으므로 뉴턴의 이론은 틀렸다고 생각했다. 뉴턴이 틀린 것이 아니라 그가 경계조건이 있음을 알지 못했을 뿐이다.

포퍼는 과학 이론은 귀납법에 의존하므로 마지막까지 모든 경우를 점검해야 비로소 그 이론을 받아줄 수 있다고도 주장했다. 그러나 모든 경우를 점검하는 것은 매우 힘들다. 포퍼는 과학자가 아니므로 과학 이론이 어떻게 완성되는지 그 과정을 잘 모르는 것 같다. 과학자들은 그가 실험을 통해서 알아낸 과학 이론이 적용되는 경계조건(boundary condition)을 명시한다.

달에 가는 우주선의 속도는 빛의 속도에 근접하지 못하므로 우주선의 궤도는 뉴턴의 방정식으로 계산해도 충분히 정확하다. 과학 이론은 경계조건 이내에서 여러 가지 물리적인 현상들을 예측할 수 있다. 그 예측이 실험 과학자들의 측정과 일치하면 그 이론의 정확성을 인정받게 된다. 끈이론(string theory)이 중력과 양자역학을 통합하는 초끈이론(super string theory)으로 발전하였지만 4차원(시간과 공간)이 26차원이 되어 아무도 복잡한 끈의 모양들을 수학으로 다룰 수가 없게 되어 버려 아무런 예측도 할 수 없게 되었다.

그러므로 지금의 실험 과학자들은 끈이론을 완전히 무시해 버리고 있다. 아인슈타인을 포함해 수많은 과학자들이 물리학의 궁극적인 이론(Theory of Everything)을 찾으려고 노력했지만 모두 실패하였다. 물리학의 오래된 난제로는 초끈이론 외에도 초대칭이론(supersymmetric theory), 양자중력이론(quantum gravity theory) 등이 있다.

독일에서는 칸트의 관념철학이 점점 더 발전하였다. 19세기에 나온 독일의 철학자 헤겔(George Wilhelm Friedrich Hegel)은 칸트의 관념론을 훨씬 뛰어넘었다. 칸트는 우리의 마음이 물질의 현상(phenomina)을 12개의 범주로 바꾸어 버리므로 마음의 이성은 대상의 실체를 알 수 없다고 주장했다. 헤겔은 한 걸음 더 나아가 이 세상의 모든 것은 물질이 아니고 정신적(mental)이라고 주장하였다.

헤겔에 의하면 마음(이성)은 정신 세계 안에 있는 실체를 알 수 있다. 헤겔은 정신을 Geist로 표현하였는데, 이 말은 보통 영적(spiritual)이라고 해석하며 이성(reason, 논리적 능력)으로도 해석한다. 헤겔은 세상의 모든 것은 정신적이고 하나이며 그것을 '절대 영'(Absolute Spirit)이라고 불렀다. 헤겔은 기독교의 신이 역사를 자신의 뜻으로 이끌어 나가듯이 절대 영은 스스로 자신을 표현하며 자신을 완성해 나간다고 주장했다. 그는 세계의 역사 특히 서양의 역사가 인간의 마음을 통해 점점 더 발전해 나가는 과정을 정(thesis), 반(antithesis), 합(synthesis)으로 설명하였다.

독일의 철학자 마르크스(Karl Marx)는 헤겔의 정신을 물질로 대체하였다. 그는 인간 사회는 물질을 쟁취하기 위한 계급투쟁(class conflict)으로 발전해 나간다고 주장하였다. 그 계급투쟁은 자본을 가진 부르주아와 노동을 통한 생산을 담당하는 프롤레타리아 간에 일어난다. 그의 주장은 자본가들이 소유한 정치 권력을 프롤레타리아들이 혁명으로 빼앗고 계급이 없는 공동생활을 통하여 생산을 공동으로 하고 이윤을 공동으로 나누는 공산주의 사회를 이루어 나가야 한다는 것이다.

그러나 그 혁명을 이끄는 공산당원들이 모든 권력을 장악해 새로운 특권을 소유한 계급이 되는 것을 그는 예측하지 못했다. 그의 주장에 의하면, 정의 단계는 자본주의이고 반의 단계는 공산주의이며 합의 단계는 수정 자본주의와 수정 공산주의가 되어야 한다. 역사적으로 공산주의만큼 사람을 많이 학살한 사상은 없었다.

스탈린은 피의 혁명을 하기 위해 3천만 명의 목숨을 희생시켰고, 모택동은 엉터리 대약진 운동을 4년 동안 한 결과 4천만 명이 넘는 사람들을 희생시켰다. 캄보디아의 크메르 루주 정권은 5년 동안 농업 사회주의 국가를 세우기 위해 3백만 명의 캄보디아인들을 학살했다. 조선인민공화국은 6.25 전쟁을 일으켜 수백만 명의 사람들을 희생시켰다. 북한에는 지금도 수천만 명이 공산당원들의 감시를 받으며 김일성 후손들을 신으로 모시며 생지옥 같은 곳에서 살고 있다. 공산주의는 그 외에도 아프가니스탄, 북아프리카, 중동, 남미 등에서 수많은 전쟁을 일으켜 엄청난 사람들을 희생시켰다.

헤겔과 마르크스의 이성 철학은 인류에게 최악의 불벼락을 선물했다. 본래 불이라는 것이 인간에게 편리한 도구가 되었지만 그 엄청난 파괴력은 지구 전체를 파멸의 도가니로 몰고 갈 수도 있다. 칼이 요리사의 손에 들리면 맛있는 요리를 만드는 훌륭한 도구가 될 수 있지만 살인마의 손에 들리면 수많은 생명들을 빼앗아 가는 대학살의 도구도 될 수 있다.

마찬가지로 이성도 과학이라는 도구를 인류에게 선물했지만 원자탄과 같은 엄청난 파괴력을 가진 무기가 과학자들의 손으로 만들어져서 지구가 순식간에 파멸의 구덩이에 떨어지게도 하고, 공산주의라는 생지옥을 주어서 인간들이 자신들의 최악의 모습을 연출하게도 하였다. 사람들은 이성을 신중하게 다루지 않아 많은 실수를 저질렀다. 사람들은 지구의 온난화를 막기 위해 핵분열 발전소를 더 많이 세우기 시작했다. 이 기술은 일본의 후쿠시마 원자력 발전소의 참사로 일반 대중들은 싫어하지만 일본인들이 저지른 실수를 되풀이하지 않으면 큰 위험이 없다.

그 당시 일본 기술자들은 온도를 제어하는 냉각 시스템을 조절하는 밸브(valve, 잠금 장치)를 수동에서 자동화(pneumatic valve를 사용함)하여 쓰나미로 전기가 모두 나가자 밸브를 움직일 수 없게 되어 핵연료봉들을 냉각시킬 수가 없었고 그 결과 이들의 온도가 치솟아 큰 사고가 났다. 일본 기술자들은 같은 실수를 저질러 자동차의 연료 주입기를 컴퓨터로 자동화하였다. 그러자 컴퓨터 소프트웨어에 결함(glitch)이 생기면서 차가 갑자기 가속(sudden acceleration)되어 수많은 사고를 일으켰다.

우주에서는 수많은 감마선(gamma ray)이 날아오기 때문에 비행기의 소프트웨어에는 감마선을 피하는 장치(gamma circumvention software)를 반드시 설치하도록 되어 있다. 이러한 잘 알려지지 않은 문제들은 대중의 함성이 아니라 오직 이성이 해결할 수 있다. 19세기의 생물학자 다윈은 아메바와 같은 단세포 생물이 수많은 돌연변이와 적자생존의 과정을 거쳐서 모든 생물들이 나왔고 결국에는 인간도 나왔다고 주장하였다. 그러므로 진화론에 의하면 인간의 조상은 아메바이다. 의식이 없는 아메바가 도덕과 윤리의 개념을 가졌다고 상상할 수 없다. 따라서 인간의 존엄성도 진화론 앞에 힘없이 무너져 내리게 되었다.

덴마크의 실존철학자 키에르케고르(Soren Kierkegaard)는 이성을 통한 논리적인 사고를 통해 영원 불변의 진리를 찾으려고 하는 것보다 각 사람이 무엇을 무슨 이유로 행동하고 무엇을 위해 삶을 살아야 하는가를 찾아서 결단하는 것이 더 중요하다고 주장했다. 즉 데카르트의 토대를 바꾸자는 주장이다. 키에르케고르는 신앙인이었으므로 헤겔이 인간의 이성으로 새로운 객관적인 진리를 깨달아 세상을 변화시키려고 하는 것은 헛된 꿈이라고 믿었다.

아담 이후로 이미 죄를 범한 인간들이 하나님과 같이 되어 스스로의 능력으로 세상을 변화시킬 수 없는 것을 그는 알고 있었다. 인간은 성경에 있는 전능자이신 하나님의 말씀을 받아 하나님에 대한 믿음으로 그 말씀을 자신의 삶에 실천하며 사는 것이 더 의미가 있다고 주장하였다. 믿음은 하나님에 대해서 많은 지식을 배워서 생기는 것이 아니고 하나님을 신뢰하는 모험을 하기로 결단하는 행동을 통해서 나타난다. 인생의 길을 제시해 주는 하나님을 영적으로 만나기 위해서는 이성이 아닌 믿음 즉 의지의 결단이 더 중요하다.

신을 체험하기 위해서는 이성으로 그를 이해하는 것보다 그를 구세주로 믿기로 결단하여 영안이 열려 그분을 전인격적으로 만나는 체험이 필요하다. 모세는 40년을 광야에서 해매다가 불붙은 떨기나무에서 하나님을 만나고 삶의 사명이 이스라엘 민족을 애굽의 노예 상태에서 해방시켜 약속의 땅으로 인도하는 것임을 깨닫게 되어 인생의 새출발점을 찾게 되었다. 우리 각자도 전능자 하나님 앞에서 그분의 뜻을 찾아 그 길을 선택하는 결단을 함으로써 의미와 보람을 가진 삶을 향하여 출발하여야 한다.

키에르케고르는 참되고 의미 있는 삶을 살기 위해 3단계를 거쳐야 한다고 말했다. 첫 번째 단계는 심미적인 의식을 가지는 것이다. 그러나 향락 즉 쾌락에 빠지는 것에서 삶의 참 의미를 지속적으로 찾을 수는 없다. 쾌락은 자신만의 만족을 추구하기 때문에 사람들은 의미를 찾지 못하고 곧 싫증을 느끼게 된다. 두 번째 단계는 윤리적인 삶에 몰두하는 것이다. 그러나 이러한 노력을 통해서 오히려 자신의 죄의 성품과 죄책감을 극복하지 못하고 자신의 무력함에 더 크게 좌절하여 절망하게 된다.

키에르케고르의 세 번째 단계를 위해서 필자가 키에르케고르의 말에 약간의 의역을 시도하였다. 세 번째 단계는 신앙의 삶을 시도하는 것이다. 이 단계에서는 자신의 죄에 절망하면서도, 오히려 죄인을 포기하지 아니하고 십자가를 통하여 용서의 길을 제시하는 하나님의 사랑을 발견하게 된다.

예수님이 소개한 하나님은 사랑의 하나님이다. 아버지의 재산을 챙겨서 자기의 욕심을 따라간 탕자가 만신창이가 되어 후회하며 되돌아 올 때 그를 향하여 달려가 자신의 품에 안아 주는 분이 바로 예수님이 소개하신 하나님 아버지다. 탕자는 그다음 날부터 완전하게 행동할 수는 없었지만 자기를 조건 없이 사랑하는 아버지의 사랑에 대한 확신을 가지고 용기 있게 살아가게 된다.

키에르케고르는 그 당시의 철학자들이 자신의 삶과는 별로 관계가 없는, 이성적이고 비인격적이며 객관적인 진리만 찾으려고 한 것에 강력하게 항의했다(Peter Hicks, The Journey So Far, Grand Rapids, MI, 2003 pp. 355). 밤하늘에 반짝이는 별들에게 내가 왜 사는지를 목이 터지게 물어봐도 아무런 대답이 없다. 별들은 나의 질문에 아무런 관심을 보이지 않고 계속 반짝이기만 한다. 이 우주는 과학 법칙으로 움직이지만 인간의 문제에는 아무런 관심이 없어 보인다. 이 차가운 우주는 생명이 스스로 살아가기에는 매우 힘들고 외로운 곳이다.

플라톤 이후의 대부분의 철학자들이 삶의 문제를 뒤로 제쳐놓고 영원한 진리만을 이성적으로 추구하였다. 그러나 이것은 유한한 인간이 자신의 이성을 신의 위치에 대신 세워두고 이성이 인간의 모든 근본적인 질문에 대답해 주기를 기대한 엄청난 도박이었다. 일 초 앞을 미리 앞서 볼 능력도 없고 일 초 전으로 되돌아갈 수도 없는 매우 유한한 인간에게 확실한 것은 사르트르의 주장처럼 매일 다가오고 있는 죽음뿐이다.

독일의 철학자 하이데거(Martin Heidegger)는 이러한 인간이 피할 수 없는 죽음 앞에서 불안해하는 것이 인간 실존의 모습이라고 말했다. 그러나 내가 내 삶에 다가오는 죽음을 받아들여 그것을 인정하고 당당히 맞이한다면 나는 죽음의 불안과 삶의 자질구레한 걱정거리로부터 자유로워질 수 있으며 그렇게 해야만 나는 자유롭게 나 자신이 될 수 있다고 그는 주장했다.

욥기 1장을 보면 하나님과 사탄의 대화가 나온다. 하나님은 욥의 순전하고 정직함을 사탄에게 칭찬하신다. 그러자 사탄은 하나님이 욥에게 많은 복을 내리셨기(기복신앙) 때문에 욥이 그렇게 행동한다고 항의한다. 하나님은 사탄이 욥의 경건의 동기를 시험하도록 허락하신다. 아브라함 시대의 거부였던 욥은 하루아침에 열 명의 자녀가 다 죽고 그의 재산이 모두 빼앗기는 참사를 겪었다. 그는 온몸에 갑자기 피부병이 생겨 기와 조각으로 몸을 긁고 있는데 충격을 받은 아내가 그 참혹한 모습을 보고 "당신이 이래도 자기의 순전(Integrity)을 굳게 지키느뇨 하나님을 저주하고 죽으라"라고 부르짖으며 하나님에 대한 그녀의 분노를 쏟아내었다.

욥은 "인생은 빈 손으로 왔다가 빈 손으로 가게 되어 있다. 내가 모태에서 적신이 나왔은즉 또한 적신이 그리로 돌아갈지라 주신 자도 여호와시요 취하신 자도 여호와시오니 여호와의 이름이 찬송을 받으실지니이다"라고 그의 신앙을 고백하였다. 욥은 자기가 고통받는 이유를 몰랐지만 끝까지 하나님을 향한 신뢰를 포기하지 않는다. 욥은 "나의 가는 길을 오직 그가 아시나니 그가 나를 단련하신 후에는 내가 정금같이 나오리라"라고 고백한다(욥 23:10).

인간은 죽음 후에 오는 비밀을 알 수 없다. 그러므로 죽은 후에 자신의 영혼을 인도해 줄 분의 손을 잡아야 죽음의 공포를 극복할 수 있다. 하이데거의 말처럼 혼자서 죽음을 당당히 맞이하기는 쉽지 않다. 이슬람 단체로부터 거금을 받고 가족을 위해 자살 폭탄을 터뜨리는 불쌍한 사람들을 용감하다고 할 수 있을까?

질그릇과 같이 연약한 인간이 죽음의 공포를 벗어나는 길은 자신을 질그릇으로 만든 신의 품으로 돌아가는 것이다. 인간은 생의 의미와 가치를 논하기 전에 차가운 우주에 짧은 시간 동안 외롭게 던져진 자신이 처해 있는 한계상황부터 제대로 파악하고 실존의 의미와 숙제를 제대로 추구해야 한다.

하이데거는 인간은 부조리한 세상에 내던져져 있지만 자신에게 주어진 자유 의지로 끊임없이 자기에게 주어진 삶을 극복해 나가는 진실된 삶(authentic life)을 사는 존재(Dasein)가 되어야 한다고 주장하였다. 이성이 주도하는 이 세상은 결코 인간들에게 친화적인 곳이 아니다. 현대 과학자들은 인간의 존엄성을 심각하게 도전하는 질문을 던졌다. 진화론자들은 인간의 조상이 자기 의식도 없고 도덕이나 윤리의 개념도 없는 아메바라고 주장하고 있다. 아메바는 수많은 돌연변이를 통해 우연하게 고등 지능을 가진 인간으로 진화되었다.

인간이 만든 기계나 인공지능은 인간보다 훨씬 뛰어나게 작업을 잘 수행해 낼 수 있다. 인간은 더 이상 인간이 다른 생물보다 존엄하다거나 인간의 생명을 살리기 위해서 무엇이든 투자해야 한다는 주장을 하는 근거를 잃어 버렸다. 인간의 존엄성이 인간 이성에 의해 위기로 몰리자 키에르케고르는 인간 이성에게 맹렬한 공격을 퍼부은 후 인간 이성을 철학의 왕좌의 자리에서 밀어내기 시작했다.

20세기 철학의 주류들은 인간 이성을 철저히 배격하고 있다. 데리다((Jacques Derrida)와 같은 후현대주의(Postmodernism) 학자들은 이성 중심의 사회에서 머리를 굴려 권력과 재력을 차지한 소수의 사람들이 모든 사람들을 자신들의 야심을 위한 도구로 전락시켰다고 항변하기 시작했다. 데리다는 논리로 구성된 기존의 사상 체계를 무너뜨려야(deconstruction) 한다고 주장하였다. 우수한 과학 기술을 보유한 소수의 자본가들은 독점 기업으로 시장을 점령하였다. 진화론은 모든 생물들이 생존을 위해 처절한 싸움(survival of fittest)을 해 왔다고 말한다.

인류는 오랫동안 서로간에 생존의 우위를 차지하려고 권력 다툼을 해 왔다. 지난 수백 년간 과학의 힘을 의존한 서양 국가들은 식민지 정책으로 저개발 국가들을 침략하고 서로 간에도 생존을 위해 대규모 전쟁을 일으켰다. 실존주의는 인간 각자가 주체적 존재로서 삶의 의미와 방향 즉 실존의 문제를 해결해 나가야 한다고 줄기차게 외쳤지만 여기에도 여러 가지 주장들이 서로 충돌하고 있다.

헤겔은 주인에 대한 노예의 반항(죽음의 투쟁)을 세계를 변화시키는 혁명의 실천이라고 주장했지만, 카뮈는 그 주장에 반대하며 인간이 연대성과 의사소통의 노력을 통해 나와 타자가 함께 사는 공동체 의식이 필요함을 강조했다. 인간은 소통을 통해 나를 넘어서 타자와 함께 사는 공동체로서 우리를 인식할 수 있다는 것이다. 무신론 실존주의자였던 사르트르는 인간은 서로 간에 늑대같이 행동하기 때문에 공동체 의식은 불가능하다고 주장하며 카뮈에 반대하였다.

사르트르는 공산주의가 외친 계급투쟁을 통하여 복종의 계약이 있어야 한다는 주장에 동의하였다. 한국에서 6.25 전쟁이 발발하자 그는 북침설(남한이 북한을 먼저 공격했다는 주장)을 강력하게 주장하다가 북한의 남침을 확증하는 비밀 서류들이 점점 알려지니까 남침 유도설로 그의 입장을 바꾸었다. 그 후 북침은 여러 가지 구소련의 비밀문서들을 통해 더욱 확실하게 밝혀졌지만 그는 죽을 때까지 북한 정권을 계속 지지하였다.

실존주의는 인간의 차가운 이성이라는 폭군에게서 인간의 존재 가치를 다시 찾으려고 발버둥쳤지만, 무신론적 실존주의는 왜 인간이 존엄한가에 대한 확실한 대답을 찾지 못했다. 대부분의 사람들은 소수의 권력자들에게 착취당하며 이 부조리한 생존경쟁의 사회에서 밀려나 삶의 의미를 찾을 여유조차 잃어 버렸다. 인간의 이성은 인간의 가치를 시궁창으로 몰아내었다. 똑똑한 사람들이 계발한 성능 좋은 기계들은 인간들을 무숙자로 몰아내었고, 헤겔과 마르크스의 철학에서 나온 공산주의는 유토피아로 가기 위해서 1억이 넘는 인간들을 참혹한 죽음의 구덩이에 몰아넣었다.

노동조합이 없는 중국 공산당은 수많은 청년들을 최저 임금으로 고용하고 일 년에 한 번도 제대로 쉬지 못하게 부려 먹으면서 온 세계의 달러를 중국으로 끌어모았다. 중국 정부는 국내 기업들에 수많은 특혜를 주는 것 외에도 정부 보조금으로 이들을 몰래 지원하였다. 그 결과 엄청나게 싸게 나오는 중국제 제품들이 세계의 시장을 장악하자 다른 나라들의 기업가들도 중국의 싼 노동력을 이용하려고 중국에 공장들을 세우기 시작했다.

그러자 중국 정부는 노동자의 임금을 올려 주면서 해외 기업들에게 준 많은 특혜들을 단기간에 취소해 버려 해외에서 온 공장들이 파산하도록 유도하였다. 공산주의는 언론과 사법을 비롯한 모든 권력을 국가가 장악한 전체주의 국가 형태로 나라를 운영하기 때문에 상식적인 법이나 규례가 통하지 않는다. 미국의 아마존이나 월마트 같은 대규모 유통 기업들은 중국 제품들을 대량으로 수입하여 큰 돈을 벌면서 다른 유통 기업들을 파산으로 내몰았다.

미국의 트럼프 대통령은 일부 중국 제품들에 수입 관세를 부과해서 기울어진 운동장을 바로잡으려고 했지만 역부족이었다. 중국의 저임금 정책은 기울어진 운동장에서 벌어지고 있는 운동경기와 유사하다. 그 반면에 선진국의 대기업들은 수입 관세로 중국 제품들의 값을 올리면 모든 물가가 올라가 인플레이션이 온다고 줄기차게 항의하였다. 자본주의 국가들도 중국의 공평하지 않은 상술을 파악했기 때문에 앞으로는 중국이 더 이상 세계 경제를 마음대로 주도하지는 못할 것이다.

성경은 신이 인간을 하나님의 형상과 모양을 반영하는 피조물로 만들었기 때문에 인간은 비싼 애완용 동물보다, 성능 좋은 기계보다, 머리가 뛰어난 인공지능(artificial intellegence)보다 훨씬 더 존귀하다고 말한다. 하나님의 형상을 반영한다는 것은 각자의 삶에서 하나님의 희생적 사랑과 상대방의 잘못을 참고 용서해 줄 수 있는 온유와 불의와 타협하지 않는 거룩함을 실천하는 것이다. 이렇게 살려고 노력하지 않고 말로만 하나님을 믿으라고 외치는 것은 오히려 하나님을 위선자로 모독하는 것이다. 예수님은 인간들이 머리를 잘 굴려서 돈을 많이 벌라고 오신 것이 아니다.

예수님은 어릴 적부터 돈의 종이 되어서 살아온 세리의 두목 삭개오를 찾아가셨다. 삭개오는 자신과 같은 죄인을 향해 다가오시는 예수님의 사랑을 깨닫고 변화되기를 원하였다. 예수님은 삭개오가 스스로 돈보다 이웃을 사랑하겠다는 결단의 고백을 하는 것을 듣고 삭개오도 아브라함의 자손임을 선포하셨다. 그는 잃어버린 삭개오를 찾아 구원하려고 세상에 왔다고 외치셨다. 예수님은 삭개오에게 그가 왜 존재하는지에 대한 실존의 이유를 알려 주셨다.

사도 바울은 그 당시 최고의 율법 선생인 가말리엘 밑에서 일등생도로 수학하였다. 그는 율법에 기록된 모든 명령과 규례를 거의 완벽하게 지키는 자타에게 인정받는 흠이 없어 보이는 최고 학생이었다. 그는 시골에서 자랐던 목수 출신 예수를 이단의 괴수로 여기고 그를 따르던 자들을 앞서서 감옥에 잡아 넣었다. 그는 도망치는 예수쟁이들을 살기가 등등하게 따라가다가 하늘에서 비치는 밝은 빛을 보고 땅에 엎드려졌다.

사도행전 9장 4-5절에 의하면 사울(바울의 유대인 이름)에게 하늘에서 목소리가 들렸다. “사울아 사울아 네가 아찌하여 나를 핍박하느냐? 나는 네가 핍박하는 예수라.” 사울은 순식간에 일등 모범생에서 하나님이 보내신 메시아(성령의 기름 부음을 받은 구세주)와 그를 따르는 자들을 핍박하는 사탄의 하수인으로 전락하였다. 성경은 인간의 의는 하나님 앞에서는 더러운 옷과 같다고 말한다(사 64:6).

사울은 예수님의 희생적 사랑을 깨달은 후 자신이 율법으로 의롭게 되려고 했던 과거를 배설물로 여긴다고 빌립보서 3장 8-10절에서 고백하였다. 아담은 하나님같이 선하게 되려고 하나님의 명령을 어기고 선악을 알게 하는 과실을 따 먹었다. 인간이 하나님처럼 선하게 될 수 있다는 생각을 가졌다는 것은 자신의 도덕적 유한성 즉 죄성을 모르기 때문이다.

하나님은 인간을 마귀와 천사의 중간 정도에 살도록 창조하셨다는 말이 있다. 이 말은 인간이 언제든지 마귀같이 될 수도 있고 천사같이 될 수도 있다는 말이다. 하나님을 믿는다는 말은 그와 같은 내가 하나님의 말씀대로 살려고 노력할 때 하나님의 사랑의 손이

나를 그의 길로 가도록 인도해 주심을 믿는다는 말이다.

사울은 아나니아 성도를 통하여 이방인에게 복음(구세주 예수를 믿어 죄 사함을 받고 의롭게 되는 길을 선택함)을 전파하는 사명을 깨달았다. 사울은 자기를 대항하는 죄인까지도 사랑하시는 하나님의 사랑을 예수님이 지신 희생의 십자가에서 깨달았다. 바울은 하나님의 독생자이신 예수님이 인간으로 와서 인간들을 위한 속죄 제물이 되신 십자가 사건과 그 예수님이 자신을 찾아오신 사건을 통해 자신의 존엄한 가치를 깨달았다. 그러므로 바울은 십자가를 가장 사랑했고 자기는 주 예수 그리스도의 십자가 외에는 결코 자랑할 것이 없다고 고백하였다(갈 6:14).

20세기 후반에 나타난 후현대주의(Postmodernism)는 인간 이성이 저지른 수많은 잘못들을 지적하였다. 헤겔의 제자인 마르크스의 공산주의 이론으로 인류가 당한 엄청난 피해는 앞에서 다루었다. 과학의 발달로 일어난 산업혁명은 인간을 기계의 부속품 수준으로 전락시켰고, 과학 기술이 앞선 나라들이 저개발 국가들에 저지른 무역 착취와 식민지 정책은 결국 두 차례의 세계대전을 유발하였다. 모든 진리는 이성의 논리로 검증되어야 한다는 주장을 따라 자유신학자들은 성경에서 합리적으로 보이지 않는 기적과 같은 많은 기록들을 제거하여 기독교는 도덕과 윤리만을 가르치는 종교로 전락하였다.

20세기 후반에는 과학의 발달로 야기된 인구 폭발과 지구 환경의 황폐화로 지구 온난화가 모든 생명의 생존을 위협하는 새로운 문제로 떠올랐다. 칸트와 논리 실증주의자들은 철학의 형이상학과 종교가 오감(five senses)으로 알 수 없고 이성으로 검증할 수 없는 허황한 주제들을 다루기 때문에 앞으로는 언어의 의미와 문장 구조만 다루는 분석 철학(Analytic Philosophy)이 철학의 중심 과제가 되어야 한다고 주장하였다.

후현대주의는 이성적인 모든 것을 배격하지만 이성은 인간이 사고하는 데 필요한 판단을 하는 중요한 능력을 제공한다. 우리는 할리우드 영화에서 나오는 젊은 남녀들이 감정에만 이끌린 행동 즉 첫눈에 반한 결혼이 많은 문제를 일으키는 것을 잘 알고 있다. 또한 인간 이성이 인류 문화를 위해 이루어 놓은 수많은 업적들도 잊어버리면 안 된다.

아인슈타인과 폴킹혼(John Polkinghorne)은 이 우주의 모든 현상들의 기본 법칙들을 인간이 가진 이성으로 이해할 수 있고 인간 이성의 논리성과 조화를 이루는 것은 기적이라고 놀라움을 표현하였다(John Polkinghorne, Quantum Physics and Theology, New Haven and London: Yale University Press. 2007). 물리학자들이 발견한 우주의 현상을 설명하는 과학 이론들은 우주가 대폭발에서 시작한 기원까지 밝혀내었고 모든 물질들이 여러 가지의 소립자들로 이루어진 것도 어느 정도 밝혀냈다.

그러나 초대칭이론(supersymmetry)이 주장하는 힘을 전달하는 소립자들의 일부는 아직 발견하지 못하여서 돈이 많은 중국이 더 큰 입자 가속기를 만들려고 하고 있다. 또한 컴퓨터를 이용해서 엄청난 양의 정보를 순식간에 처리하고 저장할 수 있게 되었고, 유전학과 생화학의 발달로 식량 문제와 수많은 질병으로 인한 문제들을 극복하게 되었다.

인본주의 운동 이후의 역사를 되돌아보면 인간 이성에 문제가 있다고 지적하기보다 이성을 신의 자리에 앉히려고 한 인간의 성급한 시도에 문제가 있는 것 같다. 앞으로 인간 이성과 과학의 유한한 한계와 이들을 잘못 사용함으로써 오는 여러 가지 위험들을 제대로 파악하여 이성을 지혜롭게 사용한다면 지금까지 인간 사회가 처한 많은 문제들을 상당히 예방할 수 있을 것이다.

새로 나온 인공지능의 문제점들이 점점 지적되고 있다. 한 예로 인공지능은 인간의 감정 같은 부분이 모자라기 때문에 쉽게 인종차별을 할 수 있다. 또한 인간의 지적 능력에 따른 차별도 할 수 있다. 이러한 문제는 미리 법으로 제정하여 문제들을 미리 방지할 수 있을 것이다.

후현대주의 운동을 일으킨 프랑스의 철학자 리오타드(Jean-Francois Lyotard)는 후현대주의 운동을 메타내러티브(metanarrative)를 의심하는 운동이라고 정의하였다. 메타내러티브는 어떤 나라나 문화권 내에 공통적인 역사관이나 세계관(world view)을 제공하는 영향력이 많은 중요한 이야기들이다. 이 메타내러티브는 사람들의 생각을 조절하고 이용하는 데 자주 쓰인다.

메타내러티브의 예를 들면 중국은 자기들이 세계 문화의 중심 즉 중화민국이라고 부르고 주변 국가들은 모두 오랑캐라고 부른다. 그러므로 중국은 소수민족 국가인 티베트, 내몽고, 여진족이 사는 만주, 위구르족이 사는 신장 등을 본래 자기 나라 땅이라고 주장하며 마음대로 정복하고 이 지역에 중국에 사는 한족을 대규모로 이주시켜 모두 합병하였다. 최근에는 대만도 중국의 일부분이라고 주장하며 대만 침략을 공공연히 공표하고 있고 남중국해의 대부분이 중국의 소유라고 외치며 중국 군대들을 자기들이 만든 인공섬에 주둔시키고 있다.

공산주의 이론을 만든 마르크스는 무산자들의 혁명을 통해서 노동자들이 자본을 소유한 자본가들에게서 자본을 빼앗아(피의 혁명) 계급 없는 유토피아를 만들어야 한다고 주장했다. 공산주의의 종주국인 소련은 계속해서 자본주의 국가들을 무너뜨리기 위한 침략 전쟁을 일으키고 있다. 2차 세계대전 이후에는 동유럽 국가들과 흑해(Black sea)와 카스피해(Caspian sea) 주변 국가들을 모두 합병했다. 그 후 북한의 군대를 무장시켜 남한을 침략해 6.25 전쟁을 일으키고 중공군도 참전시켜 수많은 사람들을 살상했다. 그뿐만 아니라 아프가니스탄을 침략하여 아라비아해로 진출을 꾀했지만 실패하여 오히려 소련(Soviet Union)이 여러 나라로 붕괴되었다.

러시아(Russia)로 이름을 바꾼 소련은 우크라이나(Ukraine)를 침략하여 우크라이나 동부 지역과 크리미아 반도(Crimean peninsula)를 합병했다. 그러나 미국을 포함한 나토(NATO) 연합국들이 우크라이나의 반격을 돕고 있다. 미국 사람들은 미국인의 꿈(American Dream) 즉 열심히 일해서 돈을 많이 벌어 큰 부자가 되는 꿈을 성취하기 위해 누구나 열심히 일하고 있다. 미국의 기업들은 주식을 발행하여 많은 자본을 쉽게 모을 수 있다. 오늘날 기업들은 직원들의 교육과 복리후생에도 적극적으로 투자를 해야 한다. 그러나 재벌들과 대기업들은 최첨단 기술을 개발한 유망한 중소기업들을 재빨리 사서 그 기술을 이용하여 쉽게 큰 돈을 벌려고 한다. 대기업들 간의 경쟁도 치열하다.

대기업들은 풍부한 자본을 이용해 문어발(여러 가지 사업에 투자) 경영으로 소규모 상점들이 발을 못 붙이게 한다. 지금은 컴퓨터 회사들이나 석유 회사들 같은 대기업들이 국제 기업이 되어 자기 기업의 이윤을 위해 나라들 사이의 정치에도 자주 개입하고 있다. 인공지능과 같은 첨단 기술을 소유한 회사는 독점 기업이 되어 경쟁 회사들을 쉽게 제압하고 큰 돈을 벌게 된다. 자유시장의 자본주의 경제로 운영되는 나라들은 정부가 단호하게 법을 정해 소수가 독점하는 횡포들을 막아야 한다.

리오타드는 각 사회의 권력자들이 메타내러티브를 이용하여 사람들의 생각을 지배하고 착취한다고 주장했다. 그러므로 이런 메타내러티브들을 지향하고 소수인들의 숨은 이야기와 견해를 퍼뜨려 압박받는 소수의 사람들의 형편과 그들의 사업체와 인권을 홍보하고 보호해야 한다고 리오타드는 주장했다. 프랑스의 후현대주의 철학자 데리다(Jacques Derrida)도 서양 철학의 이성 중심의 사상과 메타내러티브를 해체해야(deconstruct) 한다고 주장했다. 프랑스의 후현대주의 철학자 푸콜트(Michel Foucault)도 과거의 사상들과 언어들은 주도 세력들이 힘으로 그들의 권력을 유지하기 위하여 만들어졌다고 주장했다. 현대시대에 이성으로 만들어진 논제와 주장들은 객관적으로 존재하는 진리가 아닐 수 있다. 후현대주의는 이들이 권력자를 위한 억압의 도구라고 주장한다. 그러므로 언어에 숨겨진 의미를 밝혀내어 권력을 정당화하는 이론을 타파해야 한다고 말한다.

푸콜트는 많은 고전들(classics)과 메터내러티브들이 인종차별, 성차별, 식민주의 같은 사상을 옹호한다고 주장했다. 그 한 예로 미국 독립 선언서가 만민 평등을 부르짖지만 그 평등에는 핍박받는 소수인들은 빠져 있었다. 성경을 기록한 많은 선지자들도 하나같이 주류 사회나 권력층들에게 차별받는 이방인이나 노예나 고아나 여성이나 약자를 위해서 공평한 정의를 부르짖었다.

예레미야 22장 3절은 "여호와께서 이같이 말씀하시되 너희가(유다 왕과 그 신하들은) 공평과 정의를 행하여 탈취 당한 자를 압박하는 자의 손에서 건지고 이방인과 고아와 과부를 압제하거나 학대하지 말며 이곳에서 무죄한 피를 흘리지 말라"라고 말한다.

야고보서 1장 27절은 "하나님 아버지 앞에서 정결하고 더러움이 없는 경건은 곧 고아와 과부를 그 환난 중에 돌아보고 또 자기를 지켜 세속에 물들지 아니하는 그것이니라"라고 권고하고 있다. 그 당시 사회에서 고아나 과부는 정부의 도움이 전혀 없었기 때문에 자기 힘으로 살아가기가 거의 불가능한 상황이었다. 실제로 대부분의 종교들은 사회의 약자들을 구제하기 위해 철학자들이나 지식인들보다 훨씬 많은 노력을 기울여 왔다. 후현대주의는 종교나 과학이 말하는 것은 영원 불변의 진리와 도덕과 윤리를 주장하지만 이들도 기득권을 옹호하는 조작된 메터내러티브를 말한다고 비평한다.

후현대주의는 영원 불변의 진리 대신에 다원주의(pluralism)의 주장을 따라 서로간의 주장을 받아들이고 존중할 것을 강조한다. 이들에게는 관용(tolerance)이 새로운 복음이 되었다.

그러나 대부분 자연과학의 이론들은 과학자들이 실험을 통해서 발견한 자연에 내재되어 있는 법칙들이지 인간 사회가 임의로 만들어낸 메터내러티브가 아니다. 쿤(Thomas Kuhn)은 과학자들이 가진 잘못된 관점(paradigm)의 위험성을 지적했지만 모든 과학 이론은 실험을 통해 검증되어야 하기 때문에 그러한 문제는 오래가지 않아 정정된다.

한 예로 현대 생물학자들이 주장하는 진화론이 아직 제대로 검증되었는지에 대한 논란이 있다. 저자도 지나치게 자기의 이론을 확신하고 공격적인 주장을 하는 진화론자들을 여러 번 본 경험이 있다. 그러나 앞으로 더 많은 연구가 진척되면 지금의 이론에서 오류들을 정정할 것으로 기대하게 된다.

제 3 장

기독교 신학 이야기

지구가 혼돈하고 공허하며 흑암이 깊음 위에 있고
하나님의 신은 수면에 운행하시니라 (창세기 1장 2절)

제3장

기독교 신학의 가장 오래된 난제는 예수님의 정체에 대한 분명한 정의를 내리는 문제이다. 이것을 기독론(Christology, 예수가 누구인가에 관한 교리)이라고 한다. 기독론 중에서도 **예수가 신이며 동시에 인간이라는 교리는 기독교의 초기부터 여러 가지 해석이 나와 논쟁의 핵심이 되었다. 구약성경은 하나님이신 메시아가 장차 인간의 아기로 태어나 죄에서 고통받는 인간들을 구원하고 하나님의 나라를 세워 영원토록 왕으로 다스린다고 예언한다(사 9:1-7, 61:1-2; 단 7:13-14).**

특히 이사야서 9장 1-2절는 메시아가 활동하는 지역은 예수님이 성장하고 사역한 갈릴리 호수의 서편과 북쪽(스불론과 납달리)이 될 것임을 정확히 예언한다. 이사야서 9장 6-7절은 그가 신의 지혜와 능력을 가졌고, 영존하시는 능하신 하나님(사 10:20-21의 능하신 하나님 참조)이시며, 평화와 공평으로 다스릴 왕이라고 예언한다. 이사야서 61장 1-2절은 성령으로 기름 부음을 받은 메시아가 와서 가난하고 고통받는 백성들을 도와서 치료할 것을 말한다. 훗날 예수님이 나사렛에 오셨을 때 이사야서 61장 2절의 처음 부분만 읽어 자신의 초림 때에는 하나님의 은혜의 해(희년, 50년마다 빚이 탕감되고 팔렸던 땅과 집과 몸이 회복되는 때 즉 구원의 때)만 전파하려고 왔다는 것을 읽고, 그 다음에 나오는 신원의 날 즉 메시아가 악인으로 인해 받은 고난을 갚아주는 때는 읽지 않으셨다. 하나님의 심판의 날은 예수님의 재림 때에 이루어지기 때문이다. 예수님은 이 예언들이 오늘 성취되었다고 선포하셨다(눅 4:17-21).

다니엘 7장 11-14절은 적그리스도가 심판을 받아 지옥에 보내질 때에 인자(Son of Man)같이 생긴 메시아가 성부 하나님에게 와서 영원한 나라의 왕권을 받을 것을 예언한다. 예수님은 자신이 바로 이 인자라는 것을 특별히 강조하셨지만 자기가 인간으로 온 것은 왕으로 취임하는 것보다 인간의 대표로서 인간의 죄를 속죄하기 위하여 죽으러 왔음을 강조하셨다(롬 5:16-17; 막 10:45).

로마서 5장 16-17절은 아담이 인류의 대표로서 범죄하여 모든 사람이 죄인이 된 것처럼 예수님이 인류의 대표로서 속죄 제물이 됨으로(막 10:45) 그를 믿는 모든 사람들이 죄의 용서함을 받고 또한 영생을 받을 것을 말한다(요 5:24). 성경은 예수님이 죄가 없으신 신성의 소유자이시므로 속죄 제물이 될 자격이 있음을 강조하고 있다(벧전 2:22; 고후 5:21). 히브리어로 기록된 구약성경은 예수님을 '메시아'(מָשִׁיחַ)로, 헬라어로 기록된 신약성경은 예수님을 '그리스도'(Χριστός)라고 부른다.

신약성경은 천사 가브리엘이 마리아에게 와서 마리아가 성령으로 잉태하여 인류를 죄에서 구원할 인간 예수를 낳게 되는데 이 예수가 그리스도(메시아) 즉 하나님이시고 그가 하나님의 나라를 지상에 세운다고 선포한 것을 말한다(눅 1:26-38). 마태복음 1장 20-23절은 가브리엘 천사가 마리아의 남편인 요셉에게 와서 앞으로 태어날 예수는 인류를 죄에서 구원할 임마누엘(우리와 함께하는 하나님) 하나님이라고 선언한다.

흔히 말하기를 예수님은 자신이 그리스도나 하나님이라고 말하지 않았다고 말하지만, 마가복음 14장 61-62절에서 예수님은 십자가 처형을 앞두고 대제사장 가야바 앞에서 자신이 하나님의 아들이고 하늘 구름을 타고 올 다니엘서에 나오는 '인자'라고 증언하셨다. 가야바는 즉시 취조를 중단하고 자기 옷을 찢으며 예수를 신성모독죄로 사형에 처해야 한다고 선언하고 예수를 죽일 권세를 가진 빌라도 총독에게 도움을 요청했다.

기독교의 또 다른 교리인 삼위일체설은 세 하나님이 동등한 본질(essence, nature)을 지니시되 서로 다른 인격체들이 되심을 말한다.

예수님은 요한복음 10장 30절에서 “나와 아버지는 하나이다”라고 말씀하셨다. 예수와 성부가 하나라는 말은 헬라어로 중성으로 말했으므로 한 인격체(one person)라는 말은 아니고 두 분이 동등한 본질과 같은 뜻을 가진다는 의미다(John F. Walvoord and Roy B. Zuck, *The Bible Knowledge Commentary*, New Testament edition, Victor Books. 1983. pp. 311-312).

예수님은 자신이 하나님과 같이 죄를 용서하는 권세가 있음도 보여 주셨다(막 2:5-12). 예수님은 제자들이 자신을 하나님으로 경배함을 여러 번 허락하셨다(마 14:33). 예수님은 “나를 본 자는 성부를 보았다”라고 말하여 자신이 성부 하나님과 같은 본성을 가지심을 밝히셨다(요 14:9; 히 1:3). 거룩하신 하나님을 보고서 살 인간이 없지만(출 33:20), 거룩하신 예수님은 성부를 옆에서 항상 보았기 때문에(요 6:46) 하나님의 속성을 우리에게 설명하고 보여주실 수 있다(요 1:18). 사도 요한은 예수님이 하나님 혹은 하나님의 아들이라고 여러 번 증언했다(요 1:1, 14, 18; 20:31).

히브리서 1장 5-6절은 예수님이 하나님의 아들이심을 성부도 증거하신다고 말하고, 모든 천사들에게 경배를 받는 자라고도 말하였다. 특히 도마는 부활하신 예수님에게 “나의 주시며 나의 하나님이시니이다”라고 고백하였다(요 20:28). 도마는 예수님을 하나님의 직함을 나타내는 ‘주’(κύριος)와 ‘하나님’(θεός)으로 불렀다.

모세가 하나님을 호렙산 떨기나무에서 만났을 때 그의 이름을 물었다. 하나님은 자기 이름을 '스스로 있는 자'(I AM WHO I AM or I AM)라고 밝히셨다(출 3:14). 이 이름은 본래 동사인 HAYAH(to be, 있다)에서 나온 자음 YHWH로 읽는다. 이 말에는 모음이 없으므로 주후 7세기 경에 유대인들이 마소렛 사본(Masoretic text)에 모음을 붙여 읽었다. 이 말을 영어로는 여호와(Jehovah)라고도 읽고 여호와라는 거룩한 이름을 발음하는 것을 피하려고 대문자로 LORD(주)라고 표현하기도 한다. 반면에 인간인 주는 소문자로 Lord로 표현한다.

예수님은 자신이 스스로 있는 자(I AM)라고 여러 번 밝히셨다. 요한복음 8장 58절에서 예수님은 자신이 "아브라함이 나기 전부터 내가 있느니라"(I AM)라고 말씀하셨는데, 이 말은 여호와와 같은 말이다. 그러므로 군중들이 그를 신성모독죄로 몰아 돌로 쳐죽이려고 하였다.

예수님이 인간으로 오신 증거는 무수히 많으므로(배고픔, 피곤함, 죽으심 등) 특별히 다루지 않겠다. 하지만 **'예수님이 어떻게 무한자인 신이면서 동시에 유한자인 사람일 수 있는가'라는 의문이 수많은 억측을 불러일으켰으므로 이 문제를 자세히 들여다보아야 한다.** 예수님은 하나님이 아니라는 주장은 많이 있었지만 가장 대표적인 주장인 영지주의(Gnosticism)의 주장과 아리우스의 주장만 다루겠다. 영지주의 사람들은 1세기 말부터 지중해 동쪽에 널리 퍼져 있었다. 영지주의자들의 주장은 다음과 같다.

1. 참신은 완전히 물질을 초월한 영적 존재이며, 악한 물질로 만들어진 우주와 육신은 불완전한 신인 데미우르고스(demiurge)가 만들었다.
2. 인간은 신에게서 나온 영의 불꽃이며 악한 육신에 갇혀 있다. 인간은 자신의 본질인 영과 고향을 모르므로 죄의 종으로 살고 있지만 참 지식을 깨달으면 물질의 속박을 벗어나 구원을 받아 신의 세계에서 영적 존재로 살게 된다.
3. 그리스도는 하나님의 말씀을 전하는 천사 같은 사환이고 요한의 세례 때부터 예수의 육체에 머물렀다가 십자가에서 죽기 전에 하나님에게로 돌아갔다(가현설).

영지주의자들은 영은 선하고 물질인 육신은 악하다고 믿었다. 이들은 인간이 이 악한 육체에서 해방되기 위해서는 참된 지식이 필요하다고 주장하였다. 그러나 사도 요한은 육체를 가지신 예수 그리스도를 부인하는 자가 적그리스도라고 정죄하였다(요일 4:2).

아리우스는 4세기에 안디옥의 루시언(Lucian)에게서 신학을 배웠다. 루시언은 예수의 인성을 강조하였고 예수 그리스도는 유한하며 성부 아래에 있는 로고스의 성육신으로 믿었다.

아리우스는 성부 하나님만 신이시고 영존하시며 초월자이심을 주장했다. 이들은 하나님이 말씀인 로고스를 먼저 창조하셨고 그 후에 말씀을 통해서 세상을 창조하셨다고 믿는다. 그러므로 피조물인 로고스 즉 그리스도는 하나님이 아니라고 아리우스는 주장했다.

아리우스는 "성부가 유일하신 참 하나님"(요 17:3)이라고 한 예수님의 기도문이나 "성부는 나(예수)보다 더 크다"(요 14:28)라는 예수님의 말씀에 의존해서 성자는 하나님이 아니라고 주장했다. 그러나 아리우스가 인용한 성경 구절들은 신성의 일부분을 비워 겸손하게 인간이 된, 즉 성육신한 그리스도가 자신을 낮추어서 말한 것으로 볼 수 있다(빌 2:6-8). 그 반면에 "아버지와 아들과 성령의 이름으로 세례를 주고"(마 28:19)나 "주 예수 그리스도의 은혜와 하나님의 사랑과 성령의 교통하심이 너희 무리와 함께 있을지어다"(고후 13:13)라는 표현은 삼위일체의 동격 되심을 분명히 말하고 있다.

예수님이 도마의 "나의 주시며 나의 하나님이시니이다"의 고백을 받아주신 것이나, 자신이 직접 자기의 신성을 고백한 여러 경우(요 8:42, 58)도 있음을 간과할 수 없다. 로마 황제 콘스탄틴은 주후 325년에 교회 대표들을 니케아(Nicaea)에 모아 예수는 성부와 동질(same substance)이며 영존자임을 확정하고 아리우스 일파는 정죄되고 추방되었다. 아리우스의 기독론은 후에 기독교의 이단인 여호와의 증인들이 물려받았다.

빌립보서 2장 6절은 예수님이 스스로 인간이 되셨다고 말한다. 여기에서 우리는 먼저 예수님이 인간이 되셔야 하는 이유부터 살펴보자. 저자는 성경에서 네 가지의 이유를 발견했다. 첫 번째 이유는 인류의 대표로 인간의 죄를 속죄하기 위한 속죄제물(atoning sacrifice)이 되기 위해서이다. 아담이 인류의 대표로 죄를 범하여 죄성이 인간들의 마음에 들어온 것처럼 죄 없는 예수님이 인류의 대표로 속죄제물이 됨으로써 그를 믿는 자는 모든 죄의 용서함(covering, 대속의 피로 죄를 가리워줌)을 받게 되었다(골 2:13).

두 번째 이유는 예수님이 인류의 연약함을 섬기는 대제사장이 되기 위해서 인간의 고통을 친히 체험하기 위해서이다. 제대로 된 상담자는 내담자의 아픔을 같이 느끼는 공감을 해야 한다. 히브리서 4장 15-16절은 "우리에게 있는 대제사장은 우리의 연약함을 체휼하지 아니하는 자가 아니요 모든 일에 우리와 한결같이 시험을 받은 자로되 죄는 없으시니라 그러므로 우리가 긍휼하심을 받고 때를 따라 돕는 은혜를 얻기 위하여 은혜의 보좌 앞에 담대히 나아갈 것이니라"라고 말한다. 예수님은 인간의 연약함을 친히 체험하셨으므로 정죄의 보좌보다 사랑의 보좌에 앉아서 우리의 연약함을 위로하시고 감싸주신다.

세 번째 이유는 예수님은 인간이 되어 보셨기 때문에 인간의 필요나 생각이나 성품을 모두 이해하신다. 그는 인간의 아픔도 알지만 인간의 이기심과 강퍅함도 잘 아신다. 마르다와 마리아가 그 오빠 나사로를 살리려고 예수님을 급히 불렀지만 예수님은 일부러 이틀을 더 지체하시다가 나사로가 죽어서 장례식이 끝난 후에야 그들에게 오셨다. 두 자매들이 이틀을 지체하신 예수님을 원망하며 슬

피 우는 것을 보시고 성경은 예수님이 통분히 여기시고 민망히 여기셨다고 말한다.

예수님은 자기를 사랑하는 자매들이 자기에 대한 원망과 불신으로 우는 것을 보시고 인간처럼 격한 감정을 나타내시고 같이 울기까지 하셨다. 예수님은 연약한 인간들의 감정에 완전히 공감(emphathy)을 느끼시고 그 감정을 표현하셨다. 성부는 예수님이 스스로 인간이 되어 그들의 아픔에 공감까지 하셨으므로 예수님에게 심판하는 권세를 양도하셨다(요 5:27).

네 번째 이유는 예수님이 제자들의 발을 씻으시면서 말씀하셨다.

> "내가 주와 또는 선생이 되어 너희 발을 씻겼으니 너희도 서로 발을 씻기는 것이 옳으니라 내가 너희에게 행한 것같이 너희도 행하게 하려 하여 본을 보였노라"(요 13:14-15).

예수님은 우리에게 직접 본을 보이시려고 하나님의 특권을 내려놓고 인간으로 오셨다.

저자의 견해로는 빌립보서 2장 6-11절이 예수 그리스도에게 신성과 인성이 모두 있는 것을 가장 잘 설명하는 것 같다. 사람들은 하나님이 과학 법칙에 인간처럼 제한을 받지 않으시는 것을 잘 모른다. 하나님은 시간과 공간의 4차원에 제한을 받지 않으실 뿐 아니라 끈

이론(string theory)의 11차원에도 제한을 받지 않는다. 그는 차원과 그 차원 안의 법칙들을 만드셨으므로 그 법칙들을 초월하여 계신다. 그러므로 그는 모든 공간이나 모든 시간에 동시에 계신다(하나님의 편재성과 영원성). 예수님은 자신이 시간에 대해서는 "알파와 오메가요 처음과 나중이요 시작과 끝이라"(계 22:13)고 말씀하셨다. 그러므로 하나님은 영존자(Eternal I AM, 모든 시간에 현존하심)이시다.

모든 시간에 존재하는 하나님이 인간들의 미래를 미리 알고(전지) 미리 결정하는 것(예정)은 별 문제가 되지 않는다. 그러나 고등비평가(인간의 이성으로 성경의 진리성을 평가하는 학자)들은 성경의 저자들이 주장하는 성령 하나님의 영감설(딤후 3:16; 요 14:26)을 완전히 무시하고 인간의 이성으로 발견한 과학의 잣대로 하나님의 능력을 제한하고, 성경의 정확성이나 신뢰성을 평가하려고 한다.

빌립보서 2장 6-7절은 **"예수는 근본 하나님의 본체시나(본래 하나님이심) 하나님과 동등됨을 취할 것으로 여기지 아니하시고 오하려 자기를 비어 종의 형체를 가져 사람들과 같이 되었고 사람의 모양으로 나타나셨으매"**라고 말한다. 사도 바울은 예수 그리스도는 본래 하나님의 본성을 가지신 하나님과 동등하신 분이라고 말한다. 이 예수 하나님이 인간이 되기를 결정하시고 마리아의 보호에 완전히 의존하는 아기로 태어났다. 그는 지혜와 키가 자라가며 하나님과 사람에게 더 사랑스럽게 되어갔다(눅 2:52).

우리는 여기에서 예수님의 신성과 인성이 충돌하는 것에 주목해야 한다. **예수님이 인간이 되려면 그의 신성 가운데 인성과 충돌하는 요소들을 33년 동안 중단시켜야 한다. 저자는 예수님이 자기를 '비웠다'(empty)는 말이 바로 예수님이 자신의 신성의 일부를 중단시킨 행동을 설명한다고 믿는다.** 신성만 가지신 하나님이지만 자기를 비우는 행동을 하실 수 있다.

한 예로 전지하신 하나님이 자기가 용서한 죄악들은 다시는 기억을 하지 않는다고 말한다(렘 31:34; 히 8:12). 즉 하나님이 원하셔서 더 이상 기억을 못하시는 것이다. 인간이 된 예수님은 자기가 다시 오는 날이 언제인지 모른다고 하셨다(마 24:36). 이 구절은 '예수님의 지혜가 자라갔다'(눅 2:52)는 구절과 함께 예수님이 지적으로 전지하지 않은 인간으로 사셨음을 말한다.

야고보서 1장 13절은 "하나님은 악에게 시험을 받지도 아니하시고 친히 아무도 시험하지 아니하시느니라"라고 말한다. 그러나 인간이 된 예수님은 40일을 굶주리며 친히 마귀에게 시험을 받으셨다(마 4:1-10). 따라서 성육신한 예수님은 33년 동안 하나님의 특권의 일부를 중단한 인간이 되셨다고 성경은 말한다.

그러나 예수님이 자신의 신성을 모두 중단시킨 것은 아니다. 히브리서 4장 15절은 예수님은 모든 일에 우리와 똑같이 시험을 받은 자로되 죄는 없으시다고 말한다. 인간은 모두 죄를 지었고 죄의 종이다(요 8:34). 예수님은 그의 신성의 능력으로 죄를 범하지 않으셨다. 예수님은 요한복음 8장 29절에서 "내가 항상 그의 기뻐하시는 일을 행하므로 나를 혼자 두지 아니하셨다"라고 말씀하셨다. 이 말씀도 죄와 완전히 분리된 그의 신성을 대변하고 있다.

성경은 예수님이 상대방의 과거나 마음속을 꿰뚫어 보는 경우를 종종 이야기한다. 처음 만난 사마리아 여인이 다섯 번 이혼하고 여섯 번째 남자와 살았던 것이나, 가룟 유다가 자기를 팔 것을 처음부터 아신 것도 기록하고 있다(요 4:18, 6:64). 저자는 예수님이 이미 자신의 전지한 능력을 제한하셨음을 주장했으므로 이러한 초자연적인 능력은 성령의 도우심으로(예언의 은사로) 가능하였다고 추측하려고 한다.

요한복음 3장 34절은 하나님이 보내신 예수에게는 하나님이 성령을 한량없이(without measure) 주셨다고 증언한다. 예수님이 보여주신 치료의 능력도 치료의 은사나 축사의 은사의 각도에서 이해할 수 있다. 베드로는 사도행전 10장 38절에서 "하나님이 나사렛 예수에게 성령과 능력을 기름붓듯 하셨으매 저가 두루 다니시며 착한 일을 행하시고 마귀에게 눌린 모든 자를 고치셨으니"라고 하였다. 예수님이 자기 스스로 가지신 신성의 능력을 발휘하셨으면 굳이 성부로부터 성령과 능력을 기름붓듯이 받을 필요가 없었을 것이다.

마태복음 26장 39절은 예수님이 죽기 전에 겟세마네에서 하신 기도 내용을 알려준다. 예수님은 자신에게 죽음을 피하기를 원하는 인간적인 원함이 있음을 고백한 후 자기의 뜻보다 아버지의 뜻을 따라야 한다고 기도하신다. 예수님이 가룟 유다에게 배반당하여 대제사장들과 장로들이 보낸 무리에게 체포되셨을 때 예수님은 베드로에게 내가 내 아버지께 열두 사단 더 되는 천사들을 보내 달라고 청할 수 있지만 성경의 예언의 성취를 위해 하지 않는다고 말한다(마 26:53-54).

여기의 말들은 예수님이 자기가 인간이 되기 위해 신으로서의 능력을 스스로 제한하신 것을 분명히 말한다. 예수님은 신으로서 천사들에게 당장 오라고 직접 명령할 권세를 가지고 계셨지만 인간으로서 잡혀가서 죽을 것을 선택하신 것이다. 예수님의 부활 후의 모습을 보면 부활 전의 인간의 모습과 확연히 다른 점들을 찾아볼 수 있다. 누가복음 24장 16-35절은 엠마오로 가던 두 제자가 가던 도중에 만난 분이 부활하신 예수님인 것을 처음에는 알아보지 못했다고 말한다.

이들은 예수님이 떡을 가지고 축사하신 후 떡을 받았을 때 비로소 그가 예수님인 것을 알아 보았다고 예루살렘에 있던 사도들에게 보고했다. 그들이 사도들과 대화하고 있는 가운데 예수님이 갑자기 나타나서 평안의 인사를 했다. 예수님을 보고 영으로 여겨 무서워하는 제자들에게 예수님은 생선을 먹어서 자신이 육신으로 부활하셨음을 보여 주셨다.

삼위일체 교리는 하나님의 속성(substance, attributes)은 세 분의 하나님이 모두 신성을 가지신 동등하다는(한 종류의 신) 말이고, 이 하나님은 세 분의 인격체(three persons)로 구성되어 있다는 주장이다. 이 교리는 성경에 분명하게 기록되어 있지 않다. 그렇지만 성경 말씀을 연구해 보면 같은 속성을 가지시면서 서로 다른 인격체를 가지신 하나님들이 계심을 발견할 수 있다.

앞에서 다루었던 예수님의 신성과 인성에서 예수님과 성부 하나님이 같은 속성을 가지고 있으면서 독립적인 인격을 가지고 있음을 자세히 다루었다. 하나님은 영이시기 때문에 인간과 본질적으로 다른 것에 주의해야 한다. **성부와 성자는 서로 대화하고 서로의 역할에 협조하신다. 즉 이들은 독립적인 의식(self consciousness)을 가지고 계신 독립적인 인격체이시지만 완전한 사랑으로 뭉쳐서 하나의 인격체처럼 행동하신다.**

요한복음 5장 19–30절은 예수님이 아무것도 스스로 하지 않고 성부의 원대로만 하고 반면에 성부는 모든 것을 사랑하는 성자에게 맡기셨다고 말한다. 예수님은 자신이 승천한 후 성부에게 요청해서 자신을 대신하는 또 다른 보혜사(another helper)를 보내겠다고 약속하셨다. 그는 영원토록 우리 안에 계시는 성령 하나님이심을 예수님은 말씀하셨다.

고린도전서 3장 16절은 성령이 신도 안에 계시므로 신도들은 하나님의 성전이라고 말했다. 이 말은 성령이 하나님이라는 말이다. 디모데후서 3장 16절은 성령 하나님이 모든 성경 저자들을 감동해서

(inspired) 하나님의 뜻을 바르게 기록하게 도와주셔서 성경이 사람들에게 교훈과 책망과 바르게 고쳐줌과 의로 훈련하기에 도움이 되도록 기록되었다고 말한다.

에베소서 4장 30절은 불순종으로 성령 하나님을 슬프게 하지 말라고 권면한다. 그러므로 성령 하나님은 분명히 감정을 가지신 즉 인격(personality)을 가지신 분이다. 하나님이 인간을 만들기 전에는 모든 창조 행위를 명령으로 하셨다. 그러나 인격체 인간을 만드실 때에는 갑자기 대화의 형식을 사용한다. 성경은 창세기 1장 26절에서 "하나님이 가라사대 우리의 형상을 따라 우리의 모양대로 우리가 사람을 만들고 그로 바다의 고기와 공중의 새와 육축과 온 땅과 땅에 기는 모든 것을 다스리게 하자"라고 대화체로 말씀하시고, 또 하나님을 복수로 기록하고 있는 것처럼 보인다.

많은 분들이 창세기 1장 26절에서 하나님이 복수로 적혀 있으므로 하나님이 한 분 이상 계신다고 주장한다. 그러나 히브리어 동사는 단수의 주어에 맞추어져 있다. 그러므로 학자들은 복수가 하나님을 강조하거나 그의 능력을 과시하려고 사용되었다고 주장한다. 그러나 히브리어 성경을 보면 이스라엘의 왕을 복수로 쓴 적은 한 번도 없으므로 이 주장은 믿기 힘들다. 우리라는 표현이 단수인가 복수인가를 히브리어 문법으로 따지기보다 세상 창조 때에 다른 인격체의 하나님 몇 분이 참여하셨는지를 성경에서 조사해 보자.

창세기 1장 1절은 성부 하나님이 우주와 지구를 창조하셨다고 말한다. 2절은 성령 하나님이 지구의 바다 위에서 운행하고 계셨다고 말한다. 성령 하나님은 혼탁한 지구의 문제를 해결하여 지구에 생명이 살 수 있게 하시려고 바다 수면에 오신 것이다. 요한복음 1장 2절은 만물이 로고스 즉 하나님의 아들에 의해서 창조되었다고 말한다. 골로새서 1장 16절도 만물이 하나님의 아들에 의해서 창조되었다고 말한다. 고린도전서 1장 24절은 그리스도는 하나님의 지혜라고 말한다. 구약성경의 잠언 8장 22-31절은 하나님의 지혜가 창조에 동참했다고 말한다.

> "여호와께서 그 조화의 시작 곧 태초에 일하시기 전에 나(지혜)를 가지셨으며 만세 전부터, 상고부터, 땅이 생기기 전부터 내가 세움을 입었나니 아직 바다가 생기지 아니하였고 큰 샘들이 있기 전에 내가 이미 났으며 산이 세우심을 입기 전에, 언덕이 생기기 전에 내가 이미 났으니 하나님이 아직 땅도, 들도, 세상 진토의 근원도 짓지 아니하셨을 때에라 그가 하늘을 지으시며 궁창으로 해면에 두르실 때에 내가 거기 있었고 그가 위로 구름 하늘을 견고하게 하시며 바다의 샘들을 힘 있게 하시며 바다의 한계를 정하여 물로 명령을 거스리지 못하게 하시며 또 땅의 기초를 정하실 때에 **내가 그 곁에 있어서 창조자가 되어 날마다 그 기뻐하신 바가 되었으며 항상 그 앞에서 즐거워하였으며 사람이 거처할 땅에서 즐거워하며 인자들을 기뻐하였었느니라.**"

22절은 성부께서 세상이 창조되기 전에 지혜를 가지셨다고 말한다. 여기에서 '가지셨다'라는 히브리 말은 קָנָה(qânâh)이며 이 말은 위의 문단에서 12번 나오는데, 이 말은 '소유하다'와 '창조하다'의 두 가지 의미로 쓰였다. 그리스도를 피조물이라고 주장했던 아리우스는 이 말을 '창조했다'로 해석했지만, 그리스도를 하나님으로 주장했던 아타나시우스는 지혜를 창조 세계의 머리로서 하나님이 소유했다고 해석했다.

23절은 지혜가 세상 창조 전에 피조 세계의 통치자로 세움을 입었다고 말한다.

24-26절은 아직 지구가 형성되기 전에 지혜는 통치자로 세우심을 받은 것을 말한다.

27절 이후는 지구가 형성되어 갈 때 지혜가 창조자의 역할을 하여 성부의 동역자 역할을 했음을 말한다. 이 말은 안식일에 38년 된 병자를 고치신 후 요한복음 5장 17절에서 예수님이 "아버지께서 이제까지(계속해서) 일하시니 나도 일한다"라고 말씀하신 장면을 떠오르게 한다. 30-31절은 지혜가 감정을 가진 것을 성부와 날마다 같이 기뻐하였다고 표현하였다. 많은 주석책들이 이 문단은 지혜를 인격화했다고 말한다. 그러나 고린도전서 1장 24절은 그리스도가 하나님의 지혜이심을 말한다. 이 문단에 나오는 지혜는 창조 능력이 있고 감정이 있는 성자 하나님을 묘사하고 있다는 해석이 더 적절한 것 같다.

하나님의 속성 중 하나인 지혜가 성부에서 갑자기 독립한 개체인 것처럼 내가 성부 곁에서 창조자가 되어 성부를 도왔다고 말하는 것은 상식에 맞지 않는다. 마치 '나의 눈들이 내가 길을 갈 때에 나를 인도했다'는 말처럼 들린다. 하나님의 더 중요한 속성인 거룩이나 사랑이 하나님의 사역을 도왔다는 말은 성경 어디에도 없다.

결론적으로 성경은 성부와 성자와 성령 하나님이 모두 세상과 인간 창조에 함께 협력했다고 말하는 것으로 받아들이는 것이 적절한 것 같다. 그러므로 창세기 1장 26절의 '우리'는 하나님 혼자의 독백이라기보다 삼위일체 하나님을 지칭하는 말로 해석해서 무리함이 없다.

성경은 하나님 자신에 대한 특별 계시이고 저자들은 성령의 도우심을 받아 그 계시들을 적었으므로 모든 성경 말씀은 우리가 신뢰할 수 있는 책으로 여기는 것이 성경무오설(Inerrancy of the Bible)이다. 옛날에는 토씨 하나도 틀리지 않는다고 보수 학자들이 주장했으나 지금은 많은 학자들이 성경 저자의 의도한 목적을 전달하기 위한 의미(intended meaning)로는 오류가 없다고 받아들이고 있다.

만약에 성경 원본에 오류가 없더라도 독자가 성경 말씀을 정확하게 이해하려면 정확한 복사, 정확한 번역, 그리고 정확한 해석이 필요하다. 저자는 성경의 원본에 오류가 전혀 없다는 주장도 근거없는 말인 것을 확신한다.

알렉산더 대왕(Alexander the Great)이 주전 4세기에 대부분의 세계를 점령한 후 유대인들은 대부분 히브리어 대신에 아람어나 헬라어(Koine Greek, 코이네 그리스어)를 사용하였다. 주전 3세기에서 주전 2세기에 72명의 유대인 학자들이 모여 히브리어 구약성경을 헬라어 성경(Septuagint, 70인역)으로 번역하였다. 그 후 주후 1세기에 신약성경도 헬라어로 쓰여졌다. 그런데 72인이 번역하기 위해 사용한 히브리어 성경과 지금 유대인들이 사용하는 히브리어 성경(Masoretic Text, 맛소라 성경)은 조금 차이가 있다. 특히 다니엘서 3-6장의 차이점들은 잘 알려져 있다.

그러나 결정적인 차이는 예레미야 31장 32-34절을 인용한 신약성경의 히브리서 8장 8-12절은 70인역을 사용했고 구약성경의 예레미야 31장 32-34절은 맛소라 성경을 인용했는데 이 둘이 같지 않다는 것이다. 이 차이는 70인역이 사용한 히브리어 성경과 맛소라 성경에 차이가 있기 때문이다. 그러므로 신약성경이나 구약성경 중에 하나 혹은 둘 다 원본일 수가 없다.

또다른 문제는 많은 분들이 '성경이 과학적으로 정확한가'라는 질문을 던진다. 예를 들면 역대하 4장 2절에 모세 때 만든 물두멍(bronze basin, 손을 씻는 놋대야) 대신 솔로몬 시대에는 새로 더 크게 만든 바다(metal sea, 놋으로 된 더 큰 물탱크)를 만들었다고 한다. 성경은 이 바다의 직경(diameter)이 10규빗(규빗은 45cm 길이)이고 원 둘레(circumference)는 30규빗이라고 기록하고 있다. 일부 학자들은 원 둘레=직경×3.14159(pi)이므로 바다의 원 둘레는 31.4159규빗인데 성경이 30규빗이라고 했으므로 잘못되었다고 주장했다.

그러나 과학자들이 무엇인가를 측정할 때는 항상 측정 오차(measurement error)를 표시하게 되어 있다. 측정 오차를 알기 위해서는 오차 분석(error analysis)을 한다. 예를 들어 측정 오차가 +/- 0.1규빗이면 원둘레의 측정치는 30 +/- 0.1규빗이 된다. 측정 오차가 얼마나 큰지를 모르면서 정확도를 논할 수 없다. 성경에서 측정 오차를 말하는 것을 본 적이 없으므로 성경에서 측정된 값을 말할 때 정확도를 따지는 것은 연목구어(緣木求魚: 나무에 올라가 생선을 구함) 같은 무리한 요구를 하는 것이다.

다윗이 인구 조사를 한 결과에 대해서 사무엘하 24장 9절은 이스라엘 군대 숫자가 팔십 만이고 유다 군대가 오십 만이라고 기록되어 있지만 역대상 21장 5절은 이스라엘 군대가 일백십 만이고 유다 군대는 사십칠 만이라고 기록되어 있다. 이런 경우에도 숫자의 정확성을 논하는 것은 사리에 맞지 않다. 예수님이 부활하셨을 때 마가복음 16장 5절은 한 천사가 있었다고 말하고, 요한복음 20장 12절에는 두 천사가 있었다고 기록되어 있다. 이러한 잡다한 문제들을 가지고 논쟁할 가치가 없다고 여기고 있는 풀러 신학교 교수들은 **성경 저자의 의도한 뜻(intended meaning)이 정확하게 전달되도록 기록된 것을 성경 무오설의 정의라고 주장하고 있다.**

이 말을 신학적으로 개념적 영감(conceptual inspiration)이라고 말한다. 즉 성경의 단어들이 아니고 개념(idea)을 성령이 저자들에게 주었

다는 주장이다. 저자는 이 주장에 동의한다. 요한복음 14장 26절은 성령께서 우리에게 모든 것을 가르치신다고 말하고, 요한복음 16장 13절은 성령께서 우리를 모든 진리 가운데로 인도하신다고 말한다. 성경의 원본에 가장 가까운 사본을 찾는 것도 중요하지만 성경 사본에 있는 말씀을 제대로 번역하고 해석해서 성령이 의도하신 뜻을 정확하게 찾아내는 것도 매우 중요하다.

자주 논쟁에 오르는 중요한 주제 중에 '신약 시대에 사는 신도들이 구약에 나오는 율법을 지켜야 하는가'라는 교리적으로 혼란스러운 문제가 있다. 구약성경이 율법을 지나칠 정도로 강조하는 반면에 신약성경에서 율법을 지키라는 요구는 매우 찾기 어렵다. 요한복음 1장 17절은 "율법은 모세로 말미암아 주신 것이요 은혜와 진리는 예수 그리스도로 말미암아 온 것이라"라고 말하여 율법과 은혜가 서로 다른 개념을 가지고 있음을 말하고 있다. 성경은 내가 모든 율법의 계명들을 지키면 합격하여 하나님이 주시는 복을 받지만 율법 가운데 하나만 어겨도 나는 저주를 받게 된다고 말한다(갈 3:10).

그러나 은혜는 내가 율법을 못 지켜 불합격해서 하나님의 저주를 받게 되더라도 예수님의 대속의 공로를 믿음으로 하나님의 용서를 받게 되고 구원을 받아 하나님이 주시는 모든 신령한 복을 받게 된다고 말한다(엡 1:3, 2:8). 왜냐하면 인간은 처음부터 사탄의 유혹을 이길 수 없는 연약한 존재로 만들어졌기 때문이다. 그러므로 아담과 하와가 선악과를 따먹어 범죄했을때 하나님은 즉시 구세주인 메시아를 보내줄 것을 약속하였다(창 3:15). 반면에 죄를 극복할 수 있는 능력이 있는 천사들이 범죄했을 때 그들을 위한 죄 용서의 길은 아무 데도 제시된 것이 없다. 이스라엘은 결국 율법을 지키는 데 완전히 실패하여 메시아이신 예수님을 십자가에 처형하고 자기들도 2천년 동안 나라를 잃고 헤매었다. 지금도 9백만의 인구로 중동에 있는 5억의 이슬람 교도들과 생존을 위한 피나는 전투를 벌이고 있다.

반면에 이방인들로 구성된 교회는 예수님의 은혜를 깨달아 거의 온 세계를 사랑으로 복음화하는 데 성공하였다. 사도행전 15장을 보면 초대교회에서도 율법 논쟁이 크게 일어나 교회 대표들이 예루살렘에 처음으로 모인 공회가 열렸다. 논쟁의 주제는 바울과 바나바는 율법을 지키는 것이 구원을 얻는 데 전혀 필요가 없음을, 내지는 오히려 방해가 될 수 있다는 주장을 하였으나(갈 5:4), 바리새파 중에 믿는 유대인들은 이방인들도 할례를 받고 율법을 지켜야 구원을 얻는다고 주장하였다(행 15:5).

베드로는 자신이 이방인 고넬료를 전도할 때에 예수님의 속죄 사역을 믿으라고만 이야기했는데 오순절 때와 같이 성령이 고넬료의 가정에 임하셨던 사건을 다시 보고하였다(행 15:14). 베드로는 다음의 말로 결론을 내렸다. "너희가 어찌하여 하나님을 시험하여 우리 조상과 우리도 능히 메지 못하던(율법의) 멍에를(이방인) 제자들의 목에 두려느냐 우리가 저희와 동일하게 주 예수의 은혜로 구원받는 줄을 믿노라"(행 15:10-11)라고 하였다.

그 당시 예루살렘 교회의 지도자였던 야고보는 예수님을 믿는 이방인들을 율법으로 괴롭게 하지 말고 아직도 모세의 율법을 가르치는 유대인들을 위해서 다만 네 가지(우상에 제사한 음식과 음행과 목매어 죽인 것과 피를 멀리할 것)만 지키도록 권면하는 편지를 써서 교회들에 보냈다(행 15:19-21). **야고보서 2장 10절은 "누구든지 온 율법을 지키다가 그 하나에 거치면 모두 범한 자가 된다"**라고 말함으로 이 네 가지 사항을 지키는 것은 율법을 모두 지키는 수준에는 전혀 미치지 못한다. 즉 성경은 율법의 일부만 지키는 것은 무효라고 분명히 말한다(갈 5:3). **갈라디아서 3장 10절도 "누구든지 율법 책에 기록된 대로 온갖(모두, everything) 일을 항상 행하지 아니하는 자는 저주 아래 있다"라고 말한다.**

히브리서 10장 1-14절은 율법대로 동물 제사를 드려도 율법은 그림자(pointer, 본체인 그리스도와 그의 사역을 미리 가리키는 도표(signpost))에 불과하므로 우리의 죄를 결코 씻을 수가 없고 참 속죄 제물인 예수님을 믿어야 완전히 거룩하게 된다고 말한다. 그러므로 메시아의 죽음을 예표하는 동물 제사로는 우리의 죄를 씻을 수가 없다(히 10:1-4). 예수님은 자신이 율법의 요구를 모두 성취(fulfill)하겠다고 말씀하셨다(마 5:17-18).

예수님이 구원 사역을 완성하신 40년 후 로마의 디도 장군이 8만 명의 로마 군대로 예루살렘을 포위해 백 만 명이 넘는 유대인을 굶겨 죽이고 성전을 완전히 불태워 버렸다. 그 후 성전이 없는 유대인은 2천 년 동안 율법의 핵심인 동물 제사를 못 드리고 있다. 유대인들은 성전을 다시 지으려고 수십 년 전부터 모든 준비를 했지만 이슬람은 그 자리에서 마호메트가 승천했다고 주장하며 거기에 금으로 칠한 이슬람 사원을 세워 놓아 유대인들의 성전 건축을 막고 있다.

저자가 보기에는 이것은 하나님이 성전 재건축을 막고 있는 것으로 보인다. 예수님은 당시 헤롯이 지은 성전을 헐라고 명령하셨다. 그러면 자기가 사흘 동안에 새 성전을 일으킨다고 예언하셨다(요 2:19-21). 예수님은 성전 되신 자기의 몸이 부활하게 되면 옛 성전을 대치할 것을 미리 말씀하신 것이다. 또한 고린도전서 6장 19절은 성령이 내재하는 성도의 몸이 성전이라고 말한다. 인간이 지은 성전이 폐기되고 성령이 내재하는 육신들이 성전으로 바뀐다면 모든 율법 제도도 바뀌어야 한다. 히브리서 7장 11-12절은 아론의 반차를 따르는 제사장들은 폐기되었고 멜기세덱의 반차를 좇는 예수님이 새(대) 제사장이 되었으므로(시 110:4 참조) 율법도 변역되어야 한다고 말한다. 베드로전서 2장 9절은 성도들도 왕 같은 제사장이라고 말한다. 히브리서 7장 18-19절은 다시 말한다.

> "전엣 계명이 연약하며 무익하므로 폐하고(율법은 아무것도 온전케 못할지라) 이에 더 좋은 소망(메시아의 구원 사역)이 생기니 이것으로 우리가 하나님께 가까이 가느니라."

따라서 바울은 우리가 더 이상 율법 아래 있지 아니하고 은혜 아래 있다고 말했다(롬 6:14). 또 로마서 12장 1절은 "형제들아 내가 하나님의 모든 자비하심으로 너희를 권하노니 너희 몸을 하나님의 기뻐하시는 거룩한 산 제사로 드리라 이는 너희의 드릴 영적 예배니라"라고 말한다.

즉 성도들이 몸으로 하는 순종의 행위가 하나님께 드리는 거룩한 제물이 된다는 것이다. 이제는 더 이상 동물 제사가 필요 없으므로 하나님이 건물로 된 성전과 율법을 폐지하신 것이다.

바울은 율법을 지키는 것이 구원을 얻는 데 오히려 방해가 될 수 있다고 말했는데 이유를 로마서 3장 19-24절에서 밝히고 있다. 3장 19-20절은 하나님이 율법을 보낸 이유는 모든 사람이 하는 변명의 입을 막고 하나님의 거룩한 기준인 율법 앞에서 모두가 죄인이며 정죄의 대상인 것을 깨닫게 하기 위함인 것을 말한다. **인간은 모두 죄성을 가지고 있으므로 아무도 율법의 행위로는 하나님 앞에서 의인으로 인정받을 수 없다. 앞에서 말한 갈라디아서 3장 10-12절은 인간이 모든 율법을 항상 지켜야 하나님이 의인으로 인정하신다고 말하고 칭의(의인으로 인정받는 것)는 완전하신 예수님의 의를 믿음으로만 받을 수 있다고 말한다.**

율법의 역할은 인간이 자신의 노력으로 하나님에게 인정받는 의인

이 되는 것을 포기하고(창 3:5) 성령의 은혜로우신 도우심만 의지하게 하는 것이다. 베드로전서 1장 2절은 은혜를 베푸시는 성령이 성도의 순종함과 그리스도의 피 뿌림에 의해서 성도들을 거룩하게(성화) 하신다고 말한다. 그러므로 율법은 우리를 그리스도에게로 인도하는 몽학선생(어린아이를 지도하는 가정교사)의 역할만 한다(갈 3:24).

로마서 10장 2-3절은 "이스라엘이 하나님께 열심이 있으나 지식을 좇은 것이 아니라 하나님의 의를 모르고 자기 의(율법의 의)를 세우려고 힘써 하나님의 의(믿음의 의)를 복종치 아니하였느니라"라고 말한다. 로마서 3장 21절은 "이제는 율법 외에 하나님의 한 의가 나타났다"라고 말한다. 즉 율법을 지키는 것과 아무런 관계가 없는, 성경이 증거하고 하나님이 인정하시는 의인이 되는 새로운 길이 나타났다는 것이다.

22절은 이 길은 예수를 구세주로 믿는 모든 자에게 하나님이 인정하시는 믿음의 의다. 이 믿음의 의는 아브라함이 하나님의 약속을 믿음으로 인정받은 의다(창 15:6). 하박국은 2장 4절에서 교만한 바벨론은 하나님의 심판을 받을 것이나 하나님의 의인은 하나님을 믿음으로 산다고 말한다. 바울은 갈라디아서 2장 16절에서 이 말씀을 다음과 같이 해석한다.

"사람이 의롭게 되는 것은 율법의 행위에서 난 것이 아니요 오직 예수 그리스도를 믿음으로 말미암는 줄 아는 고로 우리도 그리스도 예수를 믿나니 이는 우리가 율법의 행위에서가 아니고 그리스도를 믿음으로서 의롭다 함을 얻으려 함이라 율법의 행위로서는 의롭다 함을 얻을 육체가 없느니라."

그러면 그리스도를 믿는 것이 왜 그렇게 중요한가? 로마서 3장 24절은 그리스도가 죄를 용서받기 위한 화목 제물(속죄 제물)이 되신 것을 믿으면 하나님에게서 죄 사함을 받기 때문이라고 설명한다. 화목 제물은 70인역에서는 하나님의 법궤를 덮는 뚜껑인 시은좌(레 16:14)로 표현하고 있다. 이스라엘의 대제사장은 속죄일(day of atonement, day of covering)에 수송아지의 피를 시은좌에 뿌려 백성들의 죄를 피로 가려(kippur, covering) 주어야 한다.

이것은 법궤 안에 있는 율법으로부터 메시아의 피가 우리의 죄를 가려주는 것을 미리 보여주는 예표 의식이다. 따라서 하나님은 예수님이 속죄 제물이 되심을 믿는 자의 죄를 간과하시고(overlook) 의인으로 받아 주신다. 예수님이 자기를 믿는 자의 죗값을 자기 생명으로 지불하셨으므로 하나님이 죄를 용서하신 행위는 공평하고 정의로우시다.

복음은 인간에게 용서가 얼마나 중요한가를 예수님이 친히 십자가에서 제물이 되신 행동을 통해 보여주고 있다. 지금 세상에서 가장 용서하기를 거부하는 두 민족은 유대인과 중동의 아랍인들인 것 같다. 유대인들은 아랍인들을 테러분자라고 부르며 모두 죽이려고 덤비고, 아랍인들은 이스라엘을 지상에서 완전히 없애 버리겠다고 공공연히 말하고 있다.

이슬람을 창시한 마호메트는 유대인 마을에서 구약성경 이야기를 들으며 성장하였다. 그는 글을 몰랐지만 기억력이 좋아서 이슬람의 경전인 코란을 그의 기억으로 불러주고 다른 사람이 받아 쓰게 하였다. 코란에는 하나님이 말씀으로 천지를 창조하고 아브라함과 그의 서자인 이스마엘과 모세의 이야기 등 구약에 나오는 이야기가 많이 나온다.

그중에 구약의 율법 정신을 표현하는 신명기 19장 21절은 "생명은 생명으로, 눈은 눈으로, 이는 이로, 손은 손으로, 발은 발로 갚으라"라고 명령한다. 이 말은 법을 공평하게 집행하기 위한 명령이지만, 연약한 인간을 차가운 법의 기준으로 다스림으로 용서의 여지를 없이하는 무서운 말이 되어 버렸다. 지금 이 명령을 철저하게 준수하고 있는 이스라엘과 아랍 세계는 서로 간의 미움으로 온 세상의 화약고가 되어 버렸다.

로마서 10장 4절은 "그리스도는 모든 믿는 자에게 의를 이루기 위하여 율법의 마침이 되시니라"라고 말한다. 즉 그리스도의 구속 사역은 우리를 정죄하는 율법의 요구를 모두 충족시켰으므로 율법을 종결지었다는 말이다(*THE GRAND BIBLE COMMENTARY*, volume 14. Edited by Disciples Publishing House, Published by Bible Study Material Publisher: 1993, pp. 858).

마태복음 5장 17-18절은 예수님이 율법을 다 완전하게 하려고 혹은 다 성취하려고(fulfill) 오셨다고 말한다. 유대인들은 율법을 의식법(ceremonial law), 도덕법(moral law), 시민법(civil law, 결혼이나 재산을 다루는 시민들의 사회생활을 위한 법)으로 분류하였다. 의식법은 제사법과 그를 위한 정결법과 절기법을 말하며 예수님이 우리를 위한 속죄 제물이 되시므로 모두 성취되었다(히 10:10). 시민법은 하나님의 왕국이 완성되고 예수님이 평화와 공의로 다스릴 때 온 세상의 규범으로 완성된다.

예수님은 마태복음 5장 21-48절에서 율법에 있는 도덕법을 더 높은 차원에서 새롭게 해석하셨다. 예수님의 새로운 해석은 "너희 원수를 사랑하며 너희를 핍박하는 자를 위하여 기도하여서 하나님 아버지의 온전하심같이 너희도 온전해지라"는 말씀으로 요약될 수 있다. 즉 사랑은 하나님의 성품을 가장 완전하게 나타내며 우리가 사랑할 때에 율법의 도덕적 요구가 모두 성취된다. 율법을 포함한 구약성경은 예수 그리스도가 와서 이루실 사역을 가리키고 있다.

예수님은 부활하신 후 제자들에게 모세와 및 모든 선지자의 글로 시작하여 모든 성경에 쓴 바 자기에 관한 것을 자세히 설명하셨다(눅 24:27). 예수님은 또 "내가 너희와 함께 있을 때에 너희에게 말한 바 곧 모세의 율법과 선지자의 글과 시편에 나를 가리켜 기록된 모든 것이 이루어져야 하리라"(눅 24:44)라고 말씀하셨다. 복음서들은 예수님이 어떻게 구약성경의 예언과 예표를 성취시켰는가를 집중적으로 말하고 있다.

예수님은 마지막 죽기까지 구약의 말씀들을 모두 성취하기 위해 자신의 모든 것을 희생하셨다(마 26:53-54; 요 19:30). 예수님은 모든 것을 다 바쳐 가장 우선적으로 하나님을 사랑하라고 말씀하셨다. 사람들은 하나님을 얼마나 사랑하는가를 알기 위하여 사랑을 측정하는 지수(quotient)를 만들었다. 예수님은 "네 마음(감성, Emotional Quotient로 측정함)을 다하며 목숨(의지, Will Quotient로 측정함)을 다하며 힘(시련 극복 능력, Adversity Quotient로 측정함)을 다하며 뜻(지성, Intelligence Quotient로 측정함)을 다하여 하나님을 사랑하고 네 이웃을 네 몸과 같이 사랑하는 것이 구약성경의 강령(기둥이요 핵심, 요약)"이라고 말씀하셨다(눅 10:27; 마 22:37-40). 여기에서 지성의 측정(IQ)은 학교에서 해 보았을 것이다. 최근에는 자녀 성장 과정에서 감정지수를 측정하는 것이 자녀의 정서 발달과 대인 관계의 성숙도를 파악하는 데 중요한 변수가 됨을 강조하고 있다.

저자는 의지지수를 특별히 강조하고 싶다. 대학 시절에 네비게이토라는 캠퍼스 사역 단체에 소속되어서 여러 가지 경건의 습관들을 배웠다. 먼저 매일 아침마다 찬송, 기도, 말씀 묵상을 통해 하나님과 대화하는 시간을 규칙적으로 갖는 훈련을 받았다. 이 습관이 정착되도록 돕는 분은 저와 매주 정기적으로 만나 그 주간에 가진 경건의 시간에서 은혜받은 것을 서로 나누게 하였다. 네비게이토는 TMS(Topical Memory System)를 만들어 성경 구절들을 주제별로 외우게 하였다.

성경 암송에서 가장 중요한 비결은 암송한 구절들을 정기적으로 만나 복습하는 것이다. 성경 구절들을 영어로도 수백 구절 외웠지만 네비게이토를 나온 후로는 미국 사람과 암송을 점검하지 않아 영어로 외운 구절들은 대부분 잊어버렸다. 저자는 예수님을 믿은 후부터 40여 년 동안 성경공부를 빠트린 적이 한 번도 없음을 자랑스럽게 여긴다.

일리노이 대학원에서 성경공부에 갔을 때 인도자가 이 성경공부에는 인도자가 없다고 선언하는 것을 듣고 상당한 충격을 받았다. 그는 참석자 모두가 성경공부 인도자로서 책임감을 가지고 질문할 것과 대답할 것을 준비해서 오라고 부탁하였다. 저자는 힘든 물리학을 학기마다 네 과목씩 공부하면서 매주 네다섯 시간씩 구절 분석을 통한 각장의 공부(chapter study through verse by verse analysis)를 준비하였다. 이 훈련을 통해 앞 문단과 뒷 문단의 관계, 중요한 단어와 연관이 있는 관주 찾기(cross reference verse), 본문의 주제, 말씀의 삶에 적용 등에 전문가적인 능력을 갖추게 되었다. 저자는 그 후에 여러 신학교들도 다녔지만 **내 삶을 이끌어 온 것은 네비게이토에서 받은 경건의 훈련이라고 할 수 있다. 나의 삶에 경건한 습관이 된 것이다. 이 귀한 보배는 하나님의 말씀에 헌신하려는 의지가 없이는 얻을 수 없다.** '힘을 다한다'는 말은 문제나 시련을 극복하기 위해 최선을 다하는 능력을 말하며 역경지수(Adversity Quotient)로 표현한다.

저자는 취직 면접을 할 때 이전 직장에서 평균 얼마나 일했는가를 알아보면 면접인의 역경지수를 어느 정도 추측할 수 있다고 생각한다. 하나님은 많은 경우에 어려운 사람을 보내어 우리를 단련하신다. 사람은 본능적으로 어려운 사람을 피해 도망가고 싶지만 야곱이 경험했듯이 어려운 사람에게서 도망가면 다른 어려운 사람이 기다리고 있다. 그러므로 야고보서 1장 2-4절은 여러 가지 믿음의 시련을 만나면 참고 인내를 이루라고 권면하고 있다. 하나님께 대한 사랑은 이 모든 지수에서 만점을 얻을 때까지 성령의 도움을 받아 순종하는 것을 배워 나가는 것이다.

그러므로 바울은 하나님과 이웃 사랑이 성경의 완성이고 또한 율법의 완성이라고 말했다(롬 13:10). 예수님은 옛 계명 즉 율법 대신에 예수님이 우리를 사랑한 것같이 서로 사랑하라는 새 계명을 주셨다(요 13:34). 그러므로 바울은 이웃을 섬기는 것을 '그리스도의 법'이라고 부른다(갈 6:2). 예수님의 희생적인 사랑으로 이웃을 사랑하게 되면 율법의 모든 도덕적인 계명도 성취된다.

세계 모든 교회에 큰 소용돌이를 일으킨 자유주의 신학(liberal theology)은 19세기의 독일의 개신교 신학자 슐라이어마허(Friedrich Schleiermacher)에 의해서 시작되었다. 그는 계몽주의, 경건주의, 낭만주의 등의 영향을 받아 성경 말씀 중심적이었던 정통 신학 대신에 신에 대해서 말하기보다 인간에 내재한 신에 대한 인간 체험과 감정을 중심으로 한 신학 이론을 발표하였다. 그는 성경에 기초한 교리와 신앙고백보다 인간의 종교 체험과 의존감정(experience of absolute dependent feeling)을 종교의 핵심으로 내세웠다.

임마누엘 칸트는 신학이나 형이상학이 신의 실체를 알 수 없으므로 종교는 도덕이나 윤리만 다루어야 한다고 주장했지만, 슐라이어마허는 신학이 인간에 내재하는 신에 대한 체험을 말할 수 있다고 주장했다. 그는 신학을 하나님의 계시인 말씀보다 인간의 종교 체험에 대한 연구로 신학의 중심을 하나님에서 인간으로 전환시켰다.

슐라이어마허의 제자인 리츨(Albrecht Ritschl)은 칸트의 가르침을 따랐다. 칸트는 순수 이성(pure reason)이 종교적 실체(noumenon)인 하나님이나 영혼을 인식할 수 없으므로 종교적 지식은 이성적인 진리 탐구로 얻을 수 없으며, 인간의 내면에 있는 종교적 직관으로만 알 수 있다고 주장했다. 그는 이것을 윤리적 삶에 필요한 실천 이성(practical reason)이라고 불렀다. 리츨은 개신교 신학을 인간이 하나님의 나라를 세우는 윤리 중심으로 고치려고 하였다.

자유신학자들은 인간의 죄와 마귀의 악이 얼마나 파괴적인지를 모른다. 그러나 자유주의 신학은 두 차례 세계대전을 겪으면서 인간의 죄악성을 처절하게 경험하게 된다. **자유주의 신학은 이때 나온 바르트(Karl Barth)가 주장한 하나님의 계시로 돌아가자는 신정통주의(neo-orthodoxy) 운동에 함몰되었다.**

1914년에 제1차 세계대전이 일어나자 독일 지성인들은 당시의 독일 황제가 전쟁을 일으킨 것은 기독교 문명을 지키기 위한 것이라는 이유로 황제의 정책을 지지하였다. 이 지지문을 위한 기초문은 바르트의 스승인 하르낙(Adolf von Harnack)이 작성하였으므로 바르트는 큰 충격을 받고 자유주의 신학자들과 헤어질 것을 결심하였다. 바울 서신을 다시 공부하던 바르트는 1918년에 로마서 주석을 출판하였다. 그는 이 책에서 그리스도의 십자가를 통해서 나타난 하나님의 계시를 통해서만 하나님의 진리를 알 수 있음을 주장하고 인간의 이성적인 사고로는 인간 세계를 초월한 하나님의 진리를 알 수 없다고 주장하였다(신정통주의, neo-orthodoxy).

바르트의 신학을 정반합적인 변증법적 신학(dialectic theology)이라고 부르는 이유는 초월자 하나님과 유한한 인간, 영원한 시간과 세상의 시간 사이에는 연결될 수 없는 무한한 질적인 차이(infinite qualitative difference)가 있으므로 **인간의 이성이 초월자 하나님을 알 수 없음을 강조하고 이성 대신에 변증법적 신앙(faith)으로 하나님께 접근해야 한다고 주장했기 때문이다.**

인간의 이성은 그리스도의 신성과 인성, 삼위일체 하나님, 하나님의 예정과 인간의 자유의지 등의 교리를 이해하지 못하고 오히려 모순(paradox)으로 여긴다. 바르트의 주장은 키에르케고르가 주장한 그리스도인은 이성의 논리로 장식된 교리보다 믿음의 결단(leap of faith)이 필요하다고 말한 것과 같은 주장이다. 바르트는 칸트의 주장을 따라 인간의 이성은 종교의 실체를 인식할 수 없다고 주장하였다. 그러므로 그는 성경에 나오는 명제적 진리(propositional truth, 이성을 의존한 논리적 진리)들을 모두 부인했다. 이러한 태도는 사도 바울의 수많은 명제적인 말씀들을 모두 부인하는 치명적인 실수로 이어졌다.

바울이 쓴 로마서는 복음 안에 하나님의 의가 계시되었는데(롬 1:17) 이 하나님의 의는 죄인인 인간이 율법을 지키는 데 실패하여 저주받게 되었으므로 율법을 지켜 얻는 의가 아니고 예수님의 완전한 의를 믿는 믿음으로 얻는 의다. 그러므로 하나님의 자비로 구원받은 성도는 성령이 내재하는 성전이 된 자기 몸에서 성령의 도움으로 자신의 삶을 순종의 산 제사로 하나님께 드려 하나님의 의를 삶에서 나타내어야 한다는 내용을 지극히 논리적으로 설명하고 있다.

바르트는 교회 교의학(Church Dogmatics)에서 하나님의 말씀을 세 종류로 나누어 설명했다. 첫째는 성육신하신 말씀 곧 예수 그리스도의 계시다. 바르트는 하나님의 임재인 그리스도에 의해 직접 주어진 계시만이 하나님의 계시라고 주장하였다. 그러므로 하나님의 계시는 그리스도를 개인적으로 만나는 체험을 통해서만 받을 수 있다고 주장한다. 둘째는 하나님의 계시에 대해 인간이 기록한 성경이 있다. 바르트는 성경은 하나님의 말씀이 아니고 하나님의 말씀에 대한 인간들의 증언(witness)이라고 주장하여 성경의 권위를 추락시켰다. 그는 자유신학자들이 주장한 성경을 이성으로 비평하는 고등비평학(Higher Criticism)도 받아들였다. 셋째는 사람이 선포한 말씀 즉 설교다. 성령이 설교의 말씀을 나에게 사용할 때에만 그 말씀이 나에게 하나님의 말씀으로 변한다고 바르트는 주장했다.

그러므로 바르트는 성경이 주장하는 모든 성경 말씀의 영감설(딤후 3:16)을 부인하고 있다. 성령이 성경 저자들에게 영감(inspiration)을 주었다는 말은 각 개인의 문체와 개성은 보존하되 그 기록된 내용을 모두 감독한다(superintend)는 뜻이다.

그 반면에 언어 영감설(verbal inspiration)은 각 단어마다 영감이 되어 문자의 하나까지 모두 성령이 주셨다는 말이 되며 이 말을 축자 영감설이라고 부른다.

완전 언어 영감설(plenary verbal inspiration)은 성경의 모든 단어가 성령의 영감으로 기록되었다는 주장이다. 베드로후서 1장 19-21절은 선지자들의 말씀에 예언한 대로 베드로가 변화산상에서 하나님의 나라가 권능으로 임하는 모습을 보았고 하나님의 증언하는 목소리도 들었음을 증거한다. 그는 성경의 예언 말씀은 이 사건보다도 더 확실한 어두움을 비추는 빛과 같다고 말한다. 즉 베드로는 성경의 모든 계시가 성령의 감동으로 기록되었음을 주장하였다.

그러나 성경의 모든 단어까지도 영감을 받았다고 확대 해석을 할 수 있는지는 분명하지 않다. 특히 개역 한글판 성경에 있는 내용들이 해석의 착오로 잘못된 의미로 이해될 수 있는 것들을 보면 완전 언어 영감설은 지나친 주장이라는 느낌을 준다.

바르트는 자연 세계를 통해서도 하나님의 계시 가운데 일부분인 일반계시(성경을 제외한 계시)를 깨달을 수 있다는 로마서 1장 20절의 말씀도 부인한다. 이 주장은 현대 과학이 발견한 자연 세계에 있는 모든 자연 법칙을 포함한 수많은 하나님의 창조의 흔적을 부인하는 그의 무지와 고집에서 나왔다. 바르트는 인간의 하나님에게 향한 의존의 감정 체험을 하나님의 말씀 위에 두려고 한 슐라이어마허의 주장을 부인하는 것에는 성공했지만 결국은 성경의 권위를 회복하려는 목적에는 실패하였다.

천주교 신학자들은 19세기 말에 현대(modernist)라는 말을 사용하기 시작하였다. 그 당시 사회는 프랑스 혁명과 산업 혁명으로 전통적이고 보수적인 사상에 반대하여 인간 이성을 강조하던 18세기의 계몽주의(Enlightenment) 운동에 다시 관심을 가지기 시작하였다. 특히 개인의 감정 체험을 조직신학의 기초로 제안한 쉴라이어마허의 사상 때문에 자유주의 신학에 많은 관심이 나타나기 시작하였다. 로이시(Alfred Loisy)는 쉴라이어마허의 스승인 하르낙(Adolf von Harnack)이 주장한 예수와 초대교회의 관계가 단절되었다는 이론에 반박을 가했다. 그러나 그는 하르낙의 복음 해석에 사용한 성경비평을 받아들여 보수 진영의 반발을 일으켰다.

개신교 신학자들은 독일 신학자들의 자유주의적 신학 이론에 동조하기 시작했다. 그러나 유럽에서는 자유주의 신학에 반발한 바르트의 신정통주의 신학이 자유주의 신학을 막았으며, 미국에서는 근본주의 신학(Fundamentalism)이 자유주의 신학에 대항하여 나타났다. 근본주의는 자유주의 신학이 주장한 역사적 성경 비판이나 진화론과 같은 현대 과학이론을 배척하고 보수적 기독교 신앙을 지키기 위해 일어난 운동이다.

그 당시 개신교 학자들은 스스로를 복음주의자(evangelicals)라고 불렀다. 복음주의자 중에서 자유주의 신학자들에 전투적으로 대항하며 극보수운동을 일으킨 무리들을 근본주의자로 불렀다. 이들은 성경의 영감과 권위, 그리스도의 동정녀 탄생, 기적과 대속의 죽음, 육체적 부활과 승천을 기독교 신앙의 근본 원리로 주장했다(*현대 신학 논쟁*, 목창균, 서울특별시: 두란노서원, 1995, pp. 246-253).

1925년에 있었던 근본주의와 진화론자의 재판(monkey trial, 원숭이 재판으로 알려짐)은 근본주의 편에서는 과학의 전문성이 없는 정치가가 나와서 성경의 권위를 추락시켰으나 학교 선생이었던 스콥스는 진화론 학자들의 도움으로 변론을 잘하여 일반 대중들의 큰 호응을 얻었다. 이 재판이 언론에 널리 알려져 근본주의의 신뢰성을 크게 손상시켰다. 그 결과 근본주의자들은 교권 투쟁에서도 밀려나 교단의 소수파로 밀려나게 되었다.

1929년 매첸(J Graham Machen)은 자유주의 신학에 반대해서 프린스턴 신학교를 나와서 칼빈(John Calvin)의 가르침에 기초한 웨스터민스터 신앙고백(Westerminster Confession)을 따르는 근본주의자들인 윌슨과 반틸(Robert Dick Wilson and Cornelius Van Til)과 함께 웨스터민스터 신학교를 설립하였다. 반틸은 기독교를 믿음이 이성적 사고를 위한 유일한 토대라고 믿는 전제주의 변증학(Presuppositional

Apologetics)으로 유명하다.

프린스턴 신학교 총장이었던 토랜스(Iain Torrance)는 처음으로 동성애자(homosexual)를 목사로 안수하여 기독교 안에 많은 논란을 일으켰다. 프린스턴 신학교가 소속된 미국 장로교(Presbyterian Church in United States of America, PCUSA) 교단은 성경 말씀이 금하는 동성애자에게도 목사 안수를 허락하여 많은 교회들의 반발을 불러일으켰다.

시간이 흘러가면서 근본주의자들 내부에서 현대의 학문과 현대 사회에 지나치게 담을 쌓는 것에 대하여 불만의 목소리들이 나왔다. 1947년에 헨리(Carl Henry)와 오켄가(Harold Ockenga)는 신복음주의(Neo-evagelicalism) 운동을 제창하여 사회 참여, 자유신학자들과의 대화, 성경 무오설의 완화(문자보다 의미의 무오류), 현대 과학과의 대화 등을 주장하였다. 빌리 그레이엄(Billy Graham), 풀러 신학교, 기독교 잡지인 크리스티애니티 투데이(Christianity Today) 등이 신복음주의 운동에 동참하였으나 근본주의자들은 신복음주의자들을 신신학자들이라고 맹렬히 비난하였다.

저자도 근본주의를 믿는 사람들과 대화를 여러 번 시도했지만 상식 수준에서의 대화를 하기에도 어려움을 느껴 포기하였다. 하나님은 인간이 교만한 것을 사탄의 죄라고 부르고 가장 싫어하신다. 한국의 수많은 극보수 단체들이 서로 정통이라고 부르짖으며 수많은 계파로 분열하면서 다른 단체들을 악의 무리라고 정죄하는 행태를 보았다면 그 안에서 하나님의 사랑과 인내를 발견할 수 있을까?

근본주의자들의 가장 치명적인 착각은 성경이 하나님의 감동으로 기록되었기 때문에 오류가 없으므로 자신들이 신봉하는 성경 해석에도 오류가 없다는 태도다. 사람이 아무리 성경을 문자적으로 해석하려고 하더라도 자신이 역사적, 문화적으로 가지고 있는 수많은 편견들은 자연히 그 해석의 일부가 된다. 한 예로 갈릴레오는 자기가 만든 망원경으로 목성 주위의 달들이 지구 주위를 돌지 않고 목성 주위를 도는 것을 보고 지동설을 주장했지만, 교황청의 성경학자들은 톨레미의 우주관을 따라서 시편 19편을 잘못 해석하여 태양과 별들이 지구 주위를 돈다는 천동설을 주장하였다. 지금도 COBE 인공위성이 우주 초기의 우주 배경 복사의 온도를 측정하여 우주의 역사가 138억 년인 것을 밝혔는데도 근본주의자들은 우주의 창조는 1만 년 전에 되었다고 강력하게 주장하고 있다.

2000년경에 복음주의자들 중에 일부가 후현대주의(Postmodernism) 사상의 일부를 받아들여 탈보수주의 복음신학(Postconservative) 운동을 시작하였다. 이 운동은 칼 헨리(Karl henry)와 찰스 하지(Charles Hodge)가 시작한 신복음주의 운동에 대항해 복음주의의 정체성을 영성과 영적 체험에 두고 포스트모던(후현대) 상황에 맞도록 복음주의 신학을 개정하자는 운동이다. 이 운동의 기원은 토니(Tony Campolo), 사이더(Ronald Sider), 왈리스(Jim Wallis) 같은 기독교 사회학자들이 사회 윤리는 자유주의의 사상을 따르면서 신학은 복음주의를 따를 수 있다고 외치면서 시작되었다. 라저(Roger Olson)는 복음주의자들도 신학은 보수일 필요가 없다고 외쳤다.

커크(Kirk R MacGregor)는 보수 복음주의자들은 복음주의 전통(옛날 신학자들이 주장한 교리들)을 성경 말씀보다 더 신봉하여 새로운 성경 해석에 귀를 기울이지 않는다고 비평했다(Kirk R MacGregor, *Contemporary Theology*, Grand Rapids, MI: Zondervan 2019. pp. 367-374). 커크는 후현대주의의 주장을 따라 하나님의 계시는 교리보다 이야기체(narrative style)가 더 효과적이며 사람을 변화시키는 것은 명제적(논리적) 진리가 아니라 하나님과의 만남(personal encounter)으로 이루어진다고 주장했다.

커크는 복음주의자들이 지나치게 계몽주의 운동이 부르짖은 인간의 이성에 의지하여 토대주의의 산물인 지적인 교리(논리적 진리)의 토론에만 매달리게 되었다고 복음주의를 비판했다. 탈보수주의 복음신학을 따르는 인물들은 뉴비긴(Lesslie Newbigin), 라이트(N. T. Wright), 맥클렌돈(James McClendon), 머피(Nancey Murphy), 그렌즈(Stanley Grenz), 피녹(Clark Pinnock) 등이 있다.

탈보수주의 복음신학은 그들이 주장하는 다섯 가지 핵심 서약(core commitment)을 따르는 것을 발표했다. 이들의 핵심 서약은 성경의 권위와 무오류성을 강조하는 Biblicism, 거듭난 삶을 강조하는 Conversionism, 그리스도의 속죄 사역을 강조하는 Crucicentrism, 선교와 사회 변화를 위한 행동을 강조하는 Activism in missions and social transformation, 성경 다음으로 역사적 정통 신학을 존중하는 Respect for historic Christian orthodoxy as a secondary norm only to be corrected by the primary norm of Scripture이다. 이들 중 처음 네 가지는 영국의 역사학자인 데이비드 베빙턴(David William Bebbington)이 복음주의를 정의하는 데 사용하였던 것이다(Bebbington quadrilateral).

Biblicism은 성경의 성령 영감설을 믿으며 성경만이 최고의 권위를 가지며 모든 상황에서 성경의 인도를 받아야 한다는 교리이다. Conversionism은 예수를 믿어 구원을 받아야 영생을 얻고 천국에 들어갈 수 있다는 교리이다. 이 말의 중심 메시지는 그리스도를 구세주로 믿어 의롭게 되고 구원 받은 확신을 소유하게 되며 죄를 회개함으로 죄에서 용서 받고 죄에서 돌아서서 거룩한 삶을 추구하게 된다는 교리이다. Crucicentrism은 예수님의 죽음과 부활로 죄의 용서와 새 생명을 얻게 된다는 신앙이다. 이 사실은 대속의 개념 즉 그리스도가 죄인이 받을 형벌을 대신해서 받아서 그 죄가 사해진다는 교리에 의존하고 있다. Activism은 적극적으로 복음을 전파하고 사회적 행동(social action)으로 복음을 증거하는 삶을 살아야 한다는 교리이다. 사회적 행동은 사회를 복음적으로 변화시키는 여러 가지 활동을 의미한다. Respect for historic Christian orthodoxy as a secondary norm only to be corrected by the primary norm of Scripture는 성경이 보수 정통 신학보다 우선이 된다는 주장이다.

탈보수주의 복음신학은 성경의 진리를 깨닫는 지적인 활동보다 말씀을 삶에 실천하여 얻는 체험적 지식을 더 강조한다. 그렌즈(Stanley Grenz)의 책(Stanley Grenz, *Renewing the Center: Evangelocal Theology in a Post-Theological Era*, Grand Rapids, MI: Baker, 2000)은 종교개혁과 대각성 운동에서부터 시작된 복음주의 신학과 그 후의 신복음주의 운동을 소개하여 탈보수주의 복음신학이 보수적 복음주의와 연관이 있는 것처럼 묘사한다. 그러나 그의 결론은 탈보수주의 복음신학은 후현대주의 사상을 따라야 한다는 주장을 하고 있다. 특히 그는 이성에 기초한 토대주의를 버리고 판넨버그(Wolfhart Pannenberg)의 주장을 따라야 한다고 말한다.

판넨버그에 의하면 진리는 역사의 종말(eschaton) 즉 새창조 때에 완성되므로 인간의 지식은 그 이전에는 확실하지도 완전할 수도 없으므로 토대주의를 주장할 수 없다는 것을 강조한다. 또한 린백(George Lindback)은 명제적 진리나 종교 체험의 논문을 반박하고 복음주의의 교리들은 보수 신앙인들이 신앙 고백을 신앙의 토대(foundation)로 만든 것이며 종교 토론을 위한 규칙에 불과하다고 주장한다. 새로운 신학은 성경의 논리적 주장보다 각 지역 공동체(local community)의 사회와 문화의 상황(context)에 맞는 신앙과 삶에서 나와야 하고 이야기 문체(narrative style)로 표현되어야 한다고 주장한다.

후현대주의는 이야기가 그 지역사회의 전통과 실체에 관한 정보를 전달해 주기 때문에 토대의 역할을 할 수 있다고 주장한다. 복음서에는 예수님이 자주 이야기 형식으로 가르치신 예들이 나온다. 그러나 그 이야기의 내용을 분석해 보면 예수님의 날카로운 논리적인 주장들이 그 안에 포함되어 있다. 한 예로 누가복음 10장 29-37절에 나오는 선한 사마리아인 비유에서 예수님은 한 율법사가 물은 "내 이웃이 누구인가" 하는 질문에 대답하고 있다. 그러나 예수님은 자기 중심적인 이 질문에 타자 중심적인 대답을 하신다. 그 당시 유대인들은 모든 것을 하나님의 선민인 자기들 중심으로 생각하였다. 그러므로 이 율법사의 질문도 자기가 중심이 되어 선택해야 할 '내 이웃이 누구냐'라고 묻고 있다.

그러나 예수님은 이 비유에서 선한 사마리아인은 누구든지 어려움에 처한 사람을 이웃으로 보고 그들을 도우려는 이웃을 사랑하는 마음을 가진 것을 지적하면서 너도 이웃에게 사랑을 베풀어 어려운 처지에 있는 사람의 이웃이 되어 주라고 말한다. 이 말에는 주객이 전도되어 어려운 사람이 중심이 되어 그가 당신을 이웃으로 받아 주도록 그를 사랑하고 섬기라는 권면이 숨겨져 있다.

예수님의 이 교훈은 간단한 이야기가 아니다. 이 비유는 논리적인 분석력이 있어야 제대로 이해할 수 있다. 예수님이 이야기를 많이 한 것은 2000년 전의 사회가 주로 이야기로 교훈을 전달한 문화였기 때문인 것 같다. 저자도 어릴 적에는 어른들이 이야기로 교훈들을 말씀해 주셨던 것을 기억한다. 그러나 지금과 같은 과학 시대에 굳이 이야기 문체만 주장하는 것은 시대에 맞지 않는 것 같다.

현대 정치인들은 이야기를 거의 하지 않고도 자기 정견 발표를 얼마든지 잘하고 있다.

플랜팅거는 토대론을 뒷받침할 공리가 존재하려면 그 공리를 신뢰하기 위해 필요한 전제(premise)를 먼저 증명해야 한다고 주장했다. 그러면 그 전제의 전제도 증명해야 되고 증명은 무한대로 지속되게 되므로 토대를 증명하는 것은 불가능하다고 주장했다. 이런 주장은 실증주의자들(logical positivists)이 철학의 논제를 주장하려면 먼저 그 주장의 신뢰성을 위해 필요한 증거(evidence)를 제시하라는 요구를 반박하기 위하여, 실증이론 자체도 맞는지 그 증거를 제시하라는 요구로 발전되었다. 즉 논제가 사실인 것을 증명(verification)하거나 거짓임을 제시(falsification)하는 요구를 통과하지 못하면 그 논제는 기각되어야 한다는 실증론의 논제(주장) 자체를 모든 경우에 옳다고 귀납적으로 증명하라는 것인데 이것은 불가능하다.

저자가 보기에는 이러한 주장들은 논리를 가지고 유치한 장난을 하는 것처럼 보인다. 유한한 인간의 사고를 완벽하게 증명하려는 시도는 매우 성급하고 무모하게(reckless) 보인다. 현대 물리학자들도 모든 물리 현상을 설명할 수 있는 이론(theory of everything)을 찾는 것이 소원이지만, 지금 알고 있는 양자역학이나 뉴턴 역학으로도 대부분의 경우 어려움 없이 사용하고 있다. 다만 이 이론들이 가지는 한계를 미리 설정하고 사용하면 된다. 그 한계는 에너지가 양자역학과 중력의 영향이 겹쳐지는 플랑크 에너지(10^{19}GeV, 1Gev는 10억 전자 볼트 에너지, 1전자 볼트는 전자가 1volt의 전위로 가속되는 에너지)에 접근하면 중력과 양자역학을 동시에 사용할 수 없다. 또한 물질의 움직이는 속도가 빛의 속도에 가까워지면 뉴턴 역학보다 상대성 이론을 사용해야 한다. 그러므로 토대 이론이 모든 검증을 통과하고 영원한 진리가 되어야 한다는 요구는 유한한 인간에게 무리한 주장이다.

그렌즈는 과학과 신학을 포함한 모든 지식이 사회가 만든(socially constructed) 것이라고 주장한다. 자연과학까지 사회가 만들었다는 이 주장은 후현대주의가 객관적인 사실에서 완전히 동떨어진 이야기를 하고 있는 것을 보여준다.

후현대주의의 또 다른 결정적인 문제는 그 누구의 주장도 절대적 진리가 아니라고 주장한다. 그러므로 당신이 믿는 진리를 나에게 강요하면 안 되듯이 나도 내가 믿는 진리를 당신에게 권하지 않아야 한다는 원칙을 강조한다. 따라서 모든 진리가 상대적 진리가 되고 그 결과 다원주의(Pluralism) 즉 다양한 종교의 주장들을 존중하고 다른 종교들의 가르침에 서로 관용(tolerance)을 베풀 것을 주장한다.

이러한 주장은 요한복음 14장 6절에서 예수님이 선포하신 말씀 즉 “내가 곧 길이요 진리요 생명이니 나로 말미암지 않고는 아버지께로 올 자가 없느니라”라는 말씀과 정면으로 배치된다. 초대교회의 사도들도 사도행전 4장 12절에서 “다른 이로서는 구원을 얻을 수 없나니 천하 인간에 구원을 얻을 만한 다른 이름을 우리에게 주신 일이 없음이니라”라고 선언한 사실과는 전혀 맞지 않다.

제 4 장

결론

지구가 혼돈하고 공허하며 흑암이 깊음 위에 있고
하나님의 신은 수면에 운행하시니라 (창세기 1장 2절)

제4장

저자는 지난 수천 년간의 과학과 철학과 신학의 발전에서 중요한 사상들을 더듬어 보며 기독교인으로서 성경에 기반한, 그리고 과학자로서의 이성에 기반한 저자의 배경을 가지고 이 세 분야에 대한 논평을 객관적으로 해 보려고 시도하였다. 객관적이라는 말은 과학의 논리적인 방법을 가지고 인류문화의 중요한 업적인 과학, 철학, 신학을 성경을 기준으로 참조해 가며 건설적으로 비평하려고 노력했다는 말이다. 저자가 이 책을 쓰면서 스스로 느낀 몇 가지 생각을 정리한 소견을 결론으로 맺으려고 한다.

첫째로, 현대문화의 특징은 수많은 분야들이 세분화되어 점점 더 전문화되어 가기 때문에 서로 간에 대화가 많이 부족한 것을 느꼈다. 저자는 미국 학술원(US National Academy of Sciences) 소속 과학자들과 기독교 신학의 대표들 간에 우주 창조설과 생명 발생 기원론에 대해 논쟁하는 것을 유튜브에서 본 적이 있다. 과학자들은 계속해서 잘못된 선입관으로 성경이 말하지 않는 주장들을 가지고 신학자들을 공격하였고, 신학자들은 잘 모르는 과학에 대해 엉뚱한 말을 하며 역공을 시도하였다.

그 논쟁의 한 예를 들면, 저명한 생물학자가 나와서 하나님이 모든 생명들을 완전하게 만들었지만 자기는 어떠한 미생물보다도 더 효율적인 미생물을 조작할 수 있으므로 전능하신 하나님이 미생물을 만들었다고 믿지 않는다고 주장했다. 과학을 잘 모르는 신학자들이 그의 말을 제대로 알아 들었는지 의심스러웠지만 아무도 그의 주장에 맞서서 대답하지 못했다.

그러나 그 과학자가 주장한 하나님이 모든 생명들을 완전하게 만들었다는 말은 성경 어디에도 없다.

하나님의 형상으로 지어졌다는 인간도 불완전했으므로 죄를 범하고 사망의 저주를 당하게 되며 에덴 동산에서 추방 당하여 모든 인류의 불행을 자초하게 되었다. 결국에 하나님의 아들이 인간의 몸으로 와서 인간의 죗값을 지불한 후에야 인간은 죄를 용서받는 길이 열려 영이 새로 태어나면서 하나님과 관계를 회복하게 되었고 그리스도의 재림 때에 부활하는 육신도 하나님의 형상으로 부활하게 된다고 성경은 말하고 있다.

성경은 인간이 자기 힘으로 하나님의 형상으로 변화될 수 없는 것을 깨닫게 하려고 하나님은 인간이 죄의 종이 되어 율법의 저주로 고통받는 과정을 당하도록 설계해 놓았다. 로마서 11장 32절은 "하나님이 모든 사람을 순종치 아니하는 가운데 가두어 두심은 모든 사람에게 긍휼을 베풀려 하심이로다"라고 말하여 인간의 죄도 하나님의 계획에 포함되어 있음을 설명하고 있다. 갈라디아서 3장 19절은 "그런즉 율법은 무엇이냐 범법함을 인하여 더한 것이라 천사들로 말미암아 중보의 손을 빌어 베푸신 것인데 약속하신 자손(구세주)이 오시기까지 있을 것이라"라고 말하여 율법은 구세주가 복음을 선포할 때까지 죄를 깨닫게 하려고 인간들에게 베푸신 것임을 말한다.

계속해서 갈라디아서 3장 21-22절은 "그러면 율법이 하나님의 약속을 거스리느냐(구약에서 말하는 율법을 지키는 자에게 약속된 축복은 세상에 사는 동안 받는 임시적인 축복에 불과하다) 결코 그럴 수 없느니라 **만일 능히 살게 하는 율법을 주셨더면 의가 반드시 율법으로 말미암았으리라 그러나 성경이 모든 것을 죄 아래 가두었으니 이는 예수 그리스도를 믿음으로 말미암은 약속(영생의 축복)을 믿는 자들에게 주려 함이니라"**라고 말하여 율법은 죄를 깨닫고 회개하도록 하는 초등학교 선생과 같은 임시적 역할을 하기 위해서 주신 것임을 설명하고 있다(갈 3:24-25).

로마서 8장 21절은 인간의 죄 때문에 모든 세상의 피조물들도 함께 저주를 받아 처절한 적자생존 경쟁에서 살게 된 생태계가 비참한 상태에서 벗어나기를 고대하고 있다고 말한다. 지금의 생태계는 인간의 죄로 함께 저주 받은 불완전한 상태에 있지만 예수님의 재림 때에 생물들이 서로 해치는 저주에서 벗어날 것이다(사 11:6-10).

한때는 우주 대폭발 이론을 생물 진화론의 하나로 여겨 배척하는 신학자들이 많았다. 그러나 대폭발 이론은 물리 법칙에 의해서 일어나는 현상이고, 진화론은 자연 법칙과 관계없이 유전인자 안의 염기 서열이 우연히(by chance) 뒤바뀌는 현상(mutation)이므로 본질적으로 아무런 관계가 없다. 그러므로 전문적인 지식이 없으면서 다른 분야를 함부로 말하는 무지를 삼가해야 한다.

저자가 경험한 분들 중에 자기 주장만 하고 상대방을 완전히 무시하는 가장 대화하기 힘든 사람들 중에는 여호와의 증인들과 2세기의 과학자였던 톨레미(Cladius Ptolemy)의 천동설에 기초하여 창세기 1장을 해석하려고 덤비는 성경학자들과 진화론을 확실하게 정립된 과학 이론으로 신봉하는 무신론 과학자들이 있다. 나는 이분들이 제대로 대화하기를 원하면 상대방의 전공 분야를 기초부터 알아보든지 아니면 자신이 상대방의 분야에 대해 무지함을 인정하고 상대방을 일방적으로 공격하려는 유혹을 절제하기를 부탁한다.

둘째로 인간 이성(논리적인 사고를 하는 능력)에 대한 여러 가지 다른 견해들이다. 계몽주의 시대에는 인간 이성을 최고로 여겨 인간의 이성으로 신을 대치하려고 시도하였다. 그리하여 자유주의 신학자들은 성경이 이성에 맞지 않으면 성경을 마음대로 고쳐서 새로 편집하였다. 이 시대의 개척자인 데카르트는 모든 사고의 출발점 즉 토대(foundation)를 "(이성으로) 생각하는 내가 존재하는 것"이라고 주장하였다.

후현대주의는 모든 지식의 토대를 찾으려는 토대주의를 무조건 배격한다. 미국의 철학자 플랜팅거(Alvin Plantinga)는 토대론(foundationalism)을 배척하여 후현대주의(postmodernism) 를 위한 길을 열었다. 이들은 이야기들(narrativse)이 각 지역 공동체의 전통을 말해주는 토대들이 되어야 한다는 주장을 한다. 철학자 칸트는 아퀴나스(Thomas Aquinas)가 제안한 신의 존재를 증명하는 다섯 가지 방법을 모두 부인했다. 그는 실체를 알 수 없는 이성으로 실체인 신을 증명할 수 없다고 주장했다. 인간이 신을 직접 대면할 수는 없어도 신이 보낸 계시(성경)를 읽고 그 계시를 이성으로 분석하고 판단할 수는 있다. 그러나 임마누엘 칸트가 주장한 물질의 배후에 이성이 인식할 수 없는 실체(noumenon)가 있다는 엉뚱한 주장을 현대 과학자들은 아무도 믿지 않는다. 그가 주장한 시간과 공간을 포함한 12가지 범주가 본래부터 인간의 마음속에 있다는 상상하기도 힘든 그의 황당한 주장을 받아들이기는 더욱 힘들다.

저자가 보기에는 아퀴나스의 신의 존재의 증명이 훨씬 더 신빙성이 있어 보인다. **특히 아퀴나스의 목적론적 증명(teleological proof)은 지적 설계론자들이 말하는 자연세계에 신이 인간의 출현을 위해 미**

리 설계한 여러 가지 증거들이 있다는 주장과 일치한다. 지적 설계론(Intelligent Design Theory)의 이론이 주장하는 세밀하게 설계된 우주와 생명들(Fine Tuned Universe and lives)이 신의 설계를 증명하고 있다. 신이 창조한 놀라운 세계에서 인간은 오히려 신의 인간에 대한 세밀한 관심과 사랑을 느낄 수 있다. 우주는 인류 지향적 원리(Anthropic Principle)로 만들어졌다.

SETI 연구소와 코넬(Cornell)대학교의 과학자들은 지구와 같은 환경을 가진 혹성들이 우주에는 얼마든지 있을 것이라고 주장하면서 미국의 버지니아주에 있는 라디오 주파수 망원경(radio telescope)으로 BLIPSS(Breakthrough Listen Investigation for Periodic Spectral Signals) 기술을 이용하여 외계에서 오는 무선 신호(beacon)를 들으려고 노력하고 있다(Reuters Scientists expand search for signs of intelligent alien life. VOA; VOA 2023, May 31). 그러나 아직까지 아무런 신호도 탐지하지 못하고 있다.

그 반면에 지구에 존재하는 생태계를 위해서 조성된 거의 완벽한 환경을 인간들은 보호하기는커녕 자기들의 욕심을 채우기 위해 발달한 과학 기술을 이용하여 엄청난 속도로 파괴시키고 있다. 아마존 밀림의 상당 부분을 불태워 버리고, 엄청난 양의 폐플라스틱과 미세 플라스틱으로 태평양을 오염시키고 있으며, 지구의 대기권에는 수많은 온실 가스(green house gas)를 방출시켜 지구 온난화를 일으키고, 공장과 탄광들은 해로운 독극물질들을 마구 내버려 지구에 많지 않은 수자원들의 수질을 오염시키고 있다. 따라서 현대의 사상가들은 무조건 이성에 반대하는 운동을 벌이고 있다.

후현대주의는 이성을 부인하므로 이성에 기초한 토대주의와 토대주의에 기초한 메타내러티브(metanarrative)를 모두 부정한다. 그들은 성경이 말하는 하나님의 창조, 인간의 죄로 인한 타락, 예수의 대속 사역, 예수의 재림과 하나님 나라 설립에 대한 교리를 모두 메타내러티브라고 비판한다. 후현대주의는 권력을 가진 소수의 무리들이 연약한 다수를 억압하고, 착취하며, 차별하는 것에 대항하는 좋은 면이 있다. 그러나 세상의 모든 권력이 타락한 악한 세력의 전유물이고 그들을 제거하기 위해 피의 혁명을 부르짖는 것은 지나치다. 마치 공산주의자들이 자본을 가진 자들은 모두 다 무산자의 적이라고 주장하는 것과 유사하다.

기업의 이윤을 노동자들과 나누어 가지려는 자본가들도 조금씩 나오고 있다. 빌 게이츠(Bill Gates)는 소형 컴퓨터(desk computer)를 만들어 큰 돈을 벌었지만 빌과 멀린다 재단(Bill & Melinda Gates Foundation)을 만들어 기후 변화, 질병 치료, 교육 등에 엄청난 투자를 하고 있다. 빌과 워런(Warren Buffett)은 나눠 주기 언약 재단(The Giving Pledge)을 설립해 자기 자산의 반 이상을 자선 단체들에 기여하도록 하였다. 많은 억만 장자들이 여기에 참여했지만 중국 사람들은 한 명도 참여하지 않아 구설수에 올랐다.

후현대주의를 따르는 자들은 아기를 목욕한 물과 함께 내버리는 어리석은 짓(Throw the baby out with bathwater)을 하고 있다. 이성은 칼과 같이 잘못 사용하면 우리에게 상처를 줄 수 있지만 제대로 사용하면 많은 도움을 준다. 한 예로 인류 사회를 위협하고 있는 지구 온난화 문제를 비이성적으로 해결하려고 해서는 안 된다. 과학자들은 핵분열을 이용한 발전소보다 4배 정도 더 효율이 높은 핵융합 발전소를 만들어 온난화로 인한 지구의 파멸을 막아 보려고 노력하고 있다.

그러나 섭씨 1억 도에 가까운 플라스마(이온화된 원자와 전자)를 토카막(Tokamak, 도넛 모양) 구조의 자기장으로 제어하는 것은 매우 힘들어 앞으로 제대로 작동하는 상용화된 핵융합 발전소를 만드는 데는 최소한 30년에서 40년 이상이 더 걸릴 것으로 추정된다. 앞으로 50년 안에 태양광과 풍력 발전으로 화석연료를 이용한 발전량을 대체하는 것은 매우 힘들어 보인다.

캘리포니아의 리버모에는 수십 개의 레이저를 이용한 관성 가둠 핵융합(inertial confinement fusion) 발전을 시도하고 있다. 그러나 이 방법은 대중들이 아는 것과 달리 극복해야 할 문제들이 더 많이 있다. 정치인들은 과학자들의 말을 무시하고 대중에게 더 인기가 있는 핵융합 발전소의 상용화를 앞당기려고 한다. 이러한 대중 인기 정책은 지구 온난화의 악화가 점점 가속되어가므로 지구에 큰 재앙을 가져올 위험이 있다.

그러나 앞으로 40년 이상 온난화를 멈출 수 있는 대안이 있다. 곧 핵분열 발전소를 이용하는 것이다. 이 기술은 일본의 후쿠시마 원자력발전소의 참사로 일반 대중들은 싫어하지만, 일본인들이 저지른 실수(자동화된 잠금 장치)를 되풀이하지 않으면 큰 위험이 없다. 더구나 전기 출력 500MW 이하인 소형 모듈 원자로(small modular reactor)는 위험을 많이 제거해 매우 안전한 방법으로 알려져 있다. 이 원자로는 전력 공급이 끊겨도 공기를 이용해 원자로를 자연 냉각시킬 수 있다. 이러한 잘 알려지지 않은 문제들은 대중의 함성이 아니라 오직 이성이 해결할 수 있다.

후현대주의자들은 인류가 힘들게 이룩한 수많은 업적들과 그 업적을 이룬 이성을 약자들을 보호한다는 명목으로 무조건 부인하려는 파괴적인 행동을 서슴치 않고 행하고 있다. 신정통주의자들과 실존철학자들은 성경에 기록된 명제적 진리(propositional truth)가 이성에 기초했다고 모두 거부한다. 성경의 최고봉으로 불리는 로마서에는 명제적 진리들이 연속적으로 나열되어 있지만 바르트는 눈길도 주지 않는다.

인간의 이성은 감성보다 차가운 면이 있지만 진리와 정의를 위해서 합리적으로 분별하는 좋은 면도 있다. 또한 이성은 신이 만들어 놓은 자연법칙을 분석하여 효과적으로 이용하는 능력도 있다. 이성이 없는 감성은 얼마나 위험한지 영화계(Hollywood) 배우들이 이혼을 자주 하는 것만 보아도 짐작할 수 있다.

탈보수주의 복음신학(Postconservative) 운동을 하는 사람들은 무조건 후현대주의를 맹신하여 위험한 주장들을 한다. 보수 복음주의자들은 이들의 황당한 주장에 유혹되지 말아야 한다.

셋째로 지금은 과학이 세계 만국어인 시대이므로 과학을 알고 성경의 복음을 소개해야 한다. 특히 젊은층들은 매일 학교에서 과학이 주장하는 이론과 과학이 이루어 놓은 엄청난 성과를 배우면서 살고 있다. 과학자들은 COBE 인공위성과 WMAP 인공위성으로 측정한 우주의 나이가 138억 년인 것에 대한 많은 증거를 가지고 있다.

그런데 확실한 증거도 없이 오류가 전혀 없다고 하는 성경으로 우주의 나이가 일만 년 이라고 주장하면 성경에 대한 신뢰가 모두 무너져 내리게 된다. 이렇게 되면 복음을 전하기도 전에 모든 대화는 막히게 되고 기독교는 샤머니즘 수준의 종교로 취급 받게 된다. 그러나 저자가 소개한 창세기 1장의 새로운 해석을 소개하면 성경과 현대과학이 별로 다르지 않음을 깨닫게 할 수 있다. 오히려 성경이 다른 종교의 가르침과 다르게 매우 과학적인 것을 알게 된다.

저자가 본 성경은 어디에도 이 세상이 1만 년 전에 창조되었다는 말은 없다. 오히려 **시편 90편 2절은 "산이 생기기 전, 땅과 세계도 주께서 조성하시기 전 곧 영원부터 영원까지 주는 하나님이시니이다"라고 말하여 하나님의 세상 창조가 영원에 비교될 만큼 매우 오래 되었음을 말하고 있다. 전도서 1장 4절도 "땅은 영원히 있다"라고 말한다.** 이 구절들은 지구가 매우 오래전에 만들어졌음을 말하고 있다.

요한계시록 1장 17절은 그리스도가 "나는 처음이요 나중이라"라고 말한다. 즉 하나님은 시간을 창조하신 분이고 시간에 제어를 받지 않으시는 공간에 편재하시며 시간에 영존하시는 분이다. 전능하신 하나님이 자기의 영광을 나타내려고 만드신 우주가 겨우 1만 년 동안 존재한 것이 아니고 138억 년 동안 있었다면 후자의 경우가 하나님의 능력을 더 잘 표현하는 것이 아닐까?

마지막으로 기독교의 독선적(?) 입장과 후현대주의가 주장하는 관용의 문제다. 이미 저자도 다루었지만 인류 역사를 되돌아보면 수많은 철학 사상들과 종교 교리들이 나왔다. 이 모든 사상과 교리들을 제대로 점검하지 않고 무조건 관용의 정신으로 그들을 신봉하는 사람들과 만나 대화하고 삶에 적용하기에는 인생에게 주어진 시간이 너무 짧다.

오래전 라디오 방송에서 인기 있는 스님이 출현하여 기독교는 매우 독선적이지만 불교는 다른 종교들도 포용하는 관용의 종교라고 주장하는 것을 들었다. 그러나 저자가 들어본 것에 의하면, 그 스님은 기독교의 본질을 잘 모르고 말하는 것 같았다. 기독교의 하나님은 그저 사랑만 하는 분이 아니고 죄에 대해서는 단호하게 심판도 하시는 분이다.

한번은 인도 교수가 힌두교에 대해 강의하는 것을 들어보았다. 그는 종교를 탐구하는 것은 마치 등산을 하는 것과 같다고 말했다. 산을 올라가는 길은 여러 개가 있지만 모두(?) 산 정상에서 만난다는 것이다. 이슬람교의 경전인 코란에는 성경의 인물들이 많이 등장한다. 코란은 예수는 죄와 거짓이 없는 선지자이고 메시아라고 말한다. 그렇지만 마호메트가 예수보다 나중에 왔으므로 요한복음 14장 16절에 근거해서 마호메트가 더 위대하다고 주장한다. 이슬람교도들은 요한복음 14장 16절에 나오는 다른 보혜사(헬라어로 παράκλητος)가 마호메트(praised one, 찬송 받을 자)라고 주장한다. 그러나 요한복음 14장 26절은 보혜사가 곧 성령이라고 분명히 말한다.

실제로 성령은 오순절 날에 120문도에게 임하셨다(행 2:1-4). 또한 거짓이 없는 선지자 예수가 말한 "내가 곧 길이요 진리요 생명이니 나로 말미암지 않고는 아버지께로 올 자가 없느니라"(요 14:6)라는 말 즉 자기만이 하나님 아버께로 가는 유일한 길이라는 말과 마호메트가 더 위대하다는 말은 서로 상충이 된다.

후현대주의자들은 이러한 모순된 경우에 관용을 베풀라고 외치겠지만 인간의 이성은 코란의 가르침이 예수에 의해 부인되었음을 알려준다. 즉 코란이 인정한 선지자 예수가 코란의 가르침을 부인했으므로 코란은 진리의 책이 아니다.

이 간단한 예에서 보듯이 이성은 인간 사고와 판단을 위한 객관적인 기준을 제공한다. 현대 과학이 발견한 이 세상은 시간과 공간의 차원으로 보면 거의 무한대의 크기이다. 그 반면에 철학자들이 말한 것처럼 이성은 신이나 영혼이나 죽음 이후의 세계에 대해서는 아는 것이 거의 없다.

그러므로 지극히 유한한 인간 이성이 모든 진리의 궁극적인 토대의 역할을 할 수는 없다. 저자는 우주와 인간을 창조하신 하나님이 성령으로 계시하신 성경 말씀이 모든 진리의 궁극적인 토대라고 믿는다.

과학, 철학, 신학과 성경의 대화

지성인의 진리 탐구 이야기

1판 1쇄 인쇄 _ 2024년 2월 15일
1판 1쇄 발행 _ 2024년 2월 20일

지은이 _ 김경준
펴낸이 _ 이형규
펴낸곳 _ 쿰란출판사

주소 _ 서울특별시 종로구 이화장길 6
편집부 _ 745-1007, 745-1301~2, 743-1300
영업부 _ 747-1004, FAX 745-8490
본사평생전화번호 _ 0502-756-1004
홈페이지 _ http://www.qumran.co.kr
E-mail _ qrbooks@daum.net / qrbooks@gmail.com
한글인터넷주소 _ 쿰란, 쿰란출판사
페이스북 _ www.facebook.com/qumranpeople
인스타그램 _ www.instagram.com/qrbooks
등록 _ 제1-670호(1988.2.27)
책임교열 _ 오완 · 김영미

 ISBN 979-11-6143-295-3 93230

책값은 뒤표지에 있습니다.

파본(破本)은 구입처에서 교환해 드립니다.